特別支援教育の基礎

Special needs education

の基礎

編著 松山 郁夫
　　 芳野 正昭

学文社

執　筆　者

久野　隆裕　西九州大学（第1章第1節）

＊芳野　正昭　佐賀大学（第1章第2節，第2章第12節）

若松　昭彦　広島大学大学院（第1章第3節）

米田　　博　福岡視覚障がい者支援センターであい（第2章第1節）

福井　恵子　国際医療福祉大学大学院（第2章第2節）

深浦　順一　国際医療福祉大学大学院（第2章第2節，第6節）

＊松山　郁夫　佐賀大学（第2章第3節，第7節，第8節）

日高　茂暢　佐賀大学（第2章第4節，第10節）

大霜　　香　筑紫女学園大学（第2章第5節）

中島　俊思　佐賀大学大学院（第2章第9節）

中村　理美　西九州大学（第2章第11節，第3章第2節）

若松　美沙　広島大学大学院生（第2章第13節）

小松原　修　佐賀大学大学院（第3章第1節）

（執筆順・＊は編者）

序

　教育職員免許法と教育職員免許法施行規則の改正によって，2017（平成29）年度以降，教職課程認定を受ける大学では，幼稚園，小学校，中学校，高等学校の各教諭，養護教諭，栄養教諭の普通免許状の授与を受けるために，新たに，「特別の支援を必要とする幼児，児童及び生徒に対する理解」（１単位以上修得）を履修するように規定された。つまり，教諭になる条件に発達障害をはじめ特別支援教育の基礎を学ぶことが加わったため，特別支援教育に対する一層の理解が広がることを期待したい。

　本書では，特別支援教育に関する基礎知識を中心として，日本における障害児教育の歴史，インクルーシブ教育，障害はないが特別の教育的ニーズのある子供，特別の支援を必要とする子供の教育課程および支援方法等，特別支援教育に関する知識や知見について広く学ぶことができるように構成した。執筆は各領域の第一線でご活躍されている方々に依頼をした。このため，教員を目指している学生だけでなく，特別支援学校や特別支援学級，通常の学級の教諭，養護教諭等どの領域に所属している教員にも役立つ内容になっている。本書が少しでも特別支援教育の充実や発展に寄与できれば幸いである。

　本書は，教育職員免許法および同施行規則改正に伴って2019（平成31）年度より必修化された新科目（「特別の支援を必要とする幼児，児童及び生徒に対する理解」に関する科目）に対応したテキストである。このため，障害名の表記については文部科学省が採用している障害名に原則準拠している。

　アメリカ精神医学会のDSM-5（精神疾患の診断・統計マニュアル（Diagnostic and Statistical Manual of Mental Disorders）第５版）の日本語翻訳版が2014（平成26）年に出版され，障害名の表記が変更されたものがあるが，日本の障害児の学校教育に関する法律等はWHO（世界保健機関）のICD-10（疾病及び関連保健問題の国際統計分類（International Classification of Diseases）第10版）

を採用している。因みに，2019（平成31）年に改訂された ICD-11が出され，現在，日本語訳等について厚生労働省で検討されている。

　以上のことから，本書の表記と DSM-5の表記で異なるものを下表に示した。なお，DSM-5や ICD-11における障害名の表記変更は，各障害に関する概念の捉え直しによることに留意する必要がある。

本書（文部科学省の表記に準拠）	DSM-5
知的障害	知的発達症（知的能力障害）
広汎性発達障害 　自閉症 　アスペルガー症候群 　高機能自閉症	自閉スペクトラム症（自閉症スペクトラム障害）
学習障害	限局性学習症（限局性学習障害）
注意欠陥多動性障害	注意欠如・多動症（注意欠如・多動性障害）

　最後になりましたが，本書を刊行するにあたり，本書の執筆を引き受けてくださいました執筆者のみなさま，そして本書の出版に多大なご尽力をくださいました学文社編集部のみなさまに心より感謝申し上げます。

　令和2年2月吉日

編著者　松山　郁夫

芳野　正昭

目　次

第1章
特別支援教育の理念および
制度，歴史

第1節
特別支援教育の理念および制度

1. 特殊教育から特別支援教育への転換

　2007（平成19）年4月から，「特別支援教育」の制度が本格的に始まった。教育支援資料（文部科学省，2013b）によれば，障害のある子供の教育に関する基本的な考え方について，特別な場で教育を行う「特殊教育」から，一人一人のニーズに応じた適切な指導および必要な支援を行う「特別支援教育」への発展的な転換が行われた，とされている。

　特別支援教育となる前は，障害のある子供の教育は「特殊教育」と呼ばれていたが，「今後の特別支援教育の在り方について（最終報告）」（文部科学省，2003）において初めて「特別支援教育」の考え方が示された。この中で示された当時の特殊教育に関する主な現状認識は，以下のようなものである。

① 盲・聾・養護学校（現在の特別支援学校）や特殊学級（現在の特別支援学級）に在籍する児童生徒，通級による指導を受ける児童生徒の比率が増加していること（1990（平成2）年度より減少傾向から増加傾向に転換）。

② 重度・重複障害のある児童生徒が増加するとともに，LD，ADHD等通常の学級等に在籍する児童生徒への対応も課題になるなど，対象となる障害種の多様化が進んでいること。

③ 特殊教育教諭免許状保有率が盲・聾・養護学校の教員の半数程度であるなど専門性が不十分な状況であり，幅広い分野の専門家の活用や，関連部局・機関の間の連携が不可欠であること。

④ 児童生徒の教育的ニーズを専門家や保護者の意見を基に正確に把握して，

自立や社会参加を支援するという考え方への転換が求められること。

このうち，②に関して，この最終報告が出される前年に実施された「通常の学級に在籍する特別な教育的支援を必要とする児童生徒に関する全国実態調査」（文部科学省，2002）において，「知的発達に遅れはないものの，学習面や行動面で著しい困難を持っていると担任教師が回答した児童生徒の割合」が6.3％であるという結果が示されたが，通常の学級に在籍する発達障害児への対応が教育上の課題であったことが「特別支援教育」への転換の大きな契機の一つであった。

それまで「特殊教育」は，障害の重い，あるいは障害の重複している児童生徒の教育に軸足を置き，障害の種類や程度に対応して教育の場を整備し，そこできめ細かな教育を効果的に行うという視点で展開されてきたが，2003年の最終報告においては，従来の特殊教育の対象の障害だけでなく，LD，ADHD，高機能自閉症を含めて障害のある児童生徒の自立や社会参加に向けて，その一人一人の教育的ニーズを把握して，その持てる力を高め，生活や学習上の困難を改善又は克服するために，適切な教育や指導を通じて必要な支援を行う「特別支援教育」へ転換することが必要とされたのである。

2．学校教育法の改正

「今後の特別支援教育の在り方について（最終報告）」の2年後には，「特別支援教育を推進するための制度の在り方について（答申）」（中央教育審議会，2005）が出された。この答申の主な要点は以下のとおりである。

① 特別支援教育の理念と基本的な考え方
　　障害のある幼児児童生徒の教育の基本的な考え方について，特別な場で教育を行う従来の「特殊教育」から，一人一人のニーズに応じた適切な指導及び必要な支援を行う「特別支援教育」に転換することが示された。
② 盲・聾・養護学校制度の見直し
　　幼児児童生徒の障害の重度・重複化に対応し，一人一人の教育的ニーズに応

じて適切な指導及び必要な支援を行うことができるよう，盲・聾・養護学校を，複数の障害に対応した教育を行う学校を設置できるよう，障害種別を超えた学校制度（特別支援学校）に転換することが示された。
　　また，特別支援学校の機能として，小・中学校等に対して，専門性を生かした支援を行う地域の特別支援教育のセンターとしての機能を明確に位置付けることが示された。
③　小・中学校における制度的見直し
　　小・中学校において特別支援教育を推進すべきことを，関係法令に明確に位置付けることが示された。
　　また，小・中学校において総合的に特別支援教育の体制を整備することや，LD・ADHDの児童生徒を新たに「通級による指導」の対象とするなど，従来の特殊学級や「通級による指導」等に関する制度を弾力化することを推進することが示された。

　この答申は，特別支援教育の考え方だけでなく，従来の制度の見直しや，どのように特別支援教育の体制（仕組み）を整備していくのかなどについて示したものである。
　そして，答申を踏まえ，学校教育法が2006（平成18）年に改正され，2007（平成19）年4月に施行された。特別支援教育に関する主な改正点は，以下のとおりである。

①　特別支援学校制度の創設（第1条）
　　それまで盲学校，聾学校，養護学校であったものが，新たに特別支援学校として位置づけられた。
②　特別支援学校の目的（第72条）
　新たに位置づけられた特別支援学校の目的が次のように規定された。
「特別支援学校は，視覚障害者，聴覚障害者，知的障害者，肢体不自由者又は病弱者（身体虚弱者を含む。以下同じ。）に対して，幼稚園，小学校，中学校又は高等学校に準ずる教育を施すとともに，障害による学習上又は生活上の困難を克服し自立を図るために必要な知識技能を授けることを目的とする。」
③　特別支援学校の行う助言又は援助（第74条）
　　特別支援学校においては，幼稚園，小学校，中学校，高等学校又は中等教育学校の要請に応じて，教育上特別の支援を必要とする児童，生徒又は幼児の教育に関し必要な助言又は援助を行うよう努めるものとされた。

④ 小学校，中学校，高等学校等における教育上特別の支援を必要とする児童等に対する教育（第81条第1項）
　幼稚園，小学校，中学校，高等学校等においては，教育上特別の支援を必要とする幼児児童生徒に対し，障害による学習上又は生活上の困難を克服するための教育を行うものとされた。
⑤「特殊学級」から「特別支援学級」へ（第81条第2項）
　それまで小学校，中学校等で設置されていた「特殊学級」が「特別支援学級」に改められた。

3．特別支援教育の理念と制度

　学校教育法の改正，施行により特別支援教育の制度がスタートしたが，施行と同じ2007（平成19）年の4月1日付けで全国の各都道府県教育委員会等に対して文部科学省から「特別支援教育の推進について（通知）」が発出された。

　この通知では，特別支援教育が位置づけられた学校教育法が施行されるに当たって，特別支援教育についての基本的な考え方や留意事項等が包括的に示された。この中で，特別支援教育の理念は次のように示されている。

　　特別支援教育は，障害のある幼児児童生徒の自立や社会参加に向けた主体的な取組を支援するという視点に立ち，幼児児童生徒一人一人の教育的ニーズを把握し，その持てる力を高め，生活や学習上の困難を改善又は克服するため，適切な指導及び必要な支援を行うものである。
　　また，特別支援教育は，これまでの特殊教育の対象の障害だけでなく，知的な遅れのない発達障害も含めて，特別な支援を必要とする幼児児童生徒が在籍する全ての学校において実施されるものである。
　　さらに，特別支援教育は，障害のある幼児児童生徒への教育にとどまらず，障害の有無やその他の個々の違いを認識しつつ様々な人々が生き生きと活躍できる共生社会の形成の基礎となるものであり，我が国の現在及び将来の社会にとって重要な意味を持っている。

　ここで示された理念の内容は，4つに整理することができる。

① 特別支援教育は，障害のある幼児児童生徒の自立や社会参加に向けた主体的な取組を支援する視点に立つものであること

② 特別支援教育は，幼児児童生徒一人一人の教育的ニーズを把握し，その持てる力を高め，生活や学習上の困難を改善又は克服するため，適切な指導および必要な支援を行うものであること

③ 特別支援教育は，従来の特殊教育の対象の障害だけでなく，発達障害も含めて，特別な支援を必要とする幼児児童生徒が在籍する全ての学校において実施されるものであること

④ 特別支援教育が目指すのは，障害の有無やその他の個々の違いを認識しつつさまざまな人々が生き生きと活躍できる共生社会の形成の基礎づくりであること

　① は，特別支援教育が，従来の特殊教育においても目指されてきた障害のある幼児児童生徒の「自立と社会参加」に向けた取組であることや，障害のある幼児児童生徒の「主体的な取組」を支援するものであることを示している。

　現在，障害には，疾病や健康状態等に基づく側面と，環境や社会的な要因による側面があると捉えられている。今日的には，障害者の自立とは，「環境を整え，最適な支援を提供することによって，障害者が日常生活や社会生活で受ける制限を最小限にし，その中で障害者一人一人が持てる力を十分に発揮すること」であると考えられる。

　② は，「障害の種類や程度」に応じて教育の場が整備され，展開されてきた特殊教育から，「一人一人の教育的ニーズ」を把握し，一人一人に応じた適切な指導および必要な支援を行う特別支援教育へ転換することを示している。

　③ は，特別支援教育は，障害の重い，あるいは障害の重複している幼児児童生徒だけではなく，発達障害を含むすべての障害のある幼児児童生徒を対象とするものであり，さらに特別支援教育の場は，特別支援学校や特別支援学級に限らず，すべての学校，すべての学級で取り組むものであることを示している。

　④ は，特別支援教育が目指すものとして，障害のある人とない人がお互い

の違いを理解しながら，共に生きていく共生社会の基礎づくりであることを示している。なお，障害者基本法第1条には，共生社会の実現に関して「全ての国民が，障害の有無によって分け隔てられることなく，相互に人格と個性を尊重し合いながら共生する社会を実現するため，（中略）障害者の自立および社会参加の支援等のための施策を総合的かつ計画的に推進することを目的とする。」と規定されている。

4．特別支援教育の制度

　前述の通知では，特別支援教育の理念だけでなく，特別支援教育の体制（仕組み）や必要な取組についても示されており，その要点は以下のとおりである。

① 校長の責務として，校長自身が特別支援教育や障害に関する認識を深め，リーダーシップを発揮して，学校が組織として十分に機能するよう教職員を指導することが重要であること。

② 各学校においては，

- 障害のある幼児児童生徒の実態把握や支援方策の検討等を行うための特別支援教育に関する校内委員会を設置すること
- 幼児児童生徒の実態の把握に努め，特別な支援を必要とする幼児児童生徒の存在や状態を確かめること
- 校長は，特別支援教育のコーディネーター的な役割を担う教員を「特別支援教育コーディネーター」に指名し，校務分掌に明確に位置づけること（特別支援教育コーディネーターとは，校内や関係機関との間の連絡調整役や，保護者に対する学校の窓口としてコーディネーター的な役割を担う人のことで，学校の教職員の中から校長が指名するものである）
- 「個別の教育支援計画」の作成・活用により医療，福祉，労働等の関係機関と連携し，長期的な視点に立って，一貫した効果的な支援を進めること
- 「個別の指導計画」を作成・活用して，障害の重度・重複化，多様化等に対応した指導の一層の充実を図ること

- 各学校は，校内での研修を実施したり，教員を校外での研修に参加させたりすることにより専門性の向上に努めること

③ 従来の盲学校，聾学校，養護学校は，制度上「特別支援学校」に一本化された。これにより，特別支援学校は複数の障害種に対応できるようになったが，そのための体制づくりや学校間の連携を一層進めること。

④ 特別支援学校は，それまで蓄積してきた専門的な知識や技能を生かして地域における特別支援教育のセンターとしての機能の充実を図り，幼稚園，小学校，中学校，高等学校などへの支援に努めること。

⑤ 障害のある幼児児童生徒の社会性や豊かな人間性を育むとともに，障害のない幼児児童生徒が，障害のある幼児児童生徒とその教育に対する正しい理解と認識を深めるための交流および共同学習の取組を推進すること。

5．インクルーシブ教育システムの構築に向けて

　2006（平成18）年12月に国連総会で「障害者の権利に関する条約」（障害者権利条約）が採択され，日本は2007（平成19）年に署名し，2014（平成26）年1月の批准により同年2月に日本でも条約が発効した。この条約では，「合理的配慮」の提供や，「インクルーシブ教育システム」の理念などが提唱されている。

　「合理的配慮」については，「障害者が他の者との平等を基礎として全ての人権および基本的自由を享有し，又は行使することを確保するための必要かつ適当な変更および調整であって，特定の場合において必要とされるものであり，かつ，均衡を失した又は過度の負担を課さないものをいう。」と規定されている。

　また，「インクルーシブ教育システム」については，「人間の多様性の尊重を強化すること」や「障害者が，精神的および身体的な能力をその可能な最大限度まで発達させること」を目的とすることや，締約国は「障害者が障害に基づいて一般的な教育制度から排除されないこと」，「障害者が，自己の生活する地域社会において，初等中等教育を享受することができること」，「個人に必要と

される合理的配慮が提供されること」などを確保することが規定されている。

　この条約の批准に向けて日本国内ではさまざまな法令や制度の整備が行われ
たが，教育の分野では，中央教育審議会初等中等教育分科会において，「共生
社会の形成に向けたインクルーシブ教育システム構築のための特別支援教育の
推進（報告）」（中央教育審議会初等中等教育分科会，2012）が取りまとめられた。
この報告では，「インクルーシブ教育システム」の定義が以下のように示され
ている。

> 　障害者権利条約によれば，インクルーシブ教育システムとは，人間の多様性の
> 尊重等の強化，障害者が精神的及び身体的な機能等を最大限度まで発達させ，自
> 由な社会に効果的に参加することを可能とするとの目的の下，障害のある者と障
> 害のない者が共に学ぶ仕組みであり，障害のある者が一般的な教育制度から排除
> されないこと，自己の生活する地域において初等中等教育の機会が与えられるこ
> と，個人に必要な「合理的配慮」が提供される等が必要とされている。

　また，この報告では，共生社会について，「これまで必ずしも十分に社会参
加できるような環境になかった障害者等が，積極的に参加・貢献していくこと
ができる社会である。それは，誰もが相互に人格と個性を尊重し支え合い，
人々の多様な在り方を相互に認め合える全員参加型の社会である。」と定義づ
けられており，この共生社会の形成に向けたインクルーシブ教育システム構築
のために特別支援教育は必要不可欠なものであり，次の3つの考え方に基づい
て特別支援教育を発展させていくことが必要である，とされている。

① 障害のある子供が，その能力や可能性を最大限に伸ばし，自立し社会参加
　 することができるよう，医療，保健，福祉，労働等との連携を強化し，社会
　 全体のさまざまな機能を活用して，十分な教育が受けられるよう，障害のあ
　 る子供の教育の充実を図ることが重要である。

② 障害のある子供が，地域社会の中で積極的に活動し，その一員として豊か
　 に生きることができるよう，地域の同世代の子供や人々の交流等を通して，
　 地域での生活基盤を形成することが求められている。このため，可能な限り
　 共に学ぶことができるよう配慮することが重要である。

③ 特別支援教育に関連して，障害者理解を推進することにより，周囲の人々が，障害のある人や子供と共に学び合い生きる中で，公平性を確保しつつ社会の構成員としての基礎を作っていくことが重要である。次代を担う子供に対し，学校において，これを率先して進めていくことは，インクルーシブな社会の構築につながる。

6．多様な学びの場と就学先の決定

　前述の中央教育審議会初等中等教育分科会報告では，「幼児児童生徒に対して，自立と社会参加を見据えて，その時点で教育的ニーズに最も的確に応える指導を提供できる，多様で柔軟な仕組みを整備することが重要」と指摘されており，表1－1のような連続性のある「多様な学びの場」が整備されている。

表1－1　特別支援教育の場とその対象など

通常の学級	障害に配慮し，指導内容や指導・支援の方法を工夫して指導する。障害の種類に関する規定はない。	
通級による指導	通常の学級に在籍し，大半の授業を通常の学級で受けながら，障害による学習上・生活上の困難の改善・克服のために週1～8時間の特別の指導を行う。	障害の程度は，「障害のある児童生徒等に対する早期からの一貫した支援について（通知）」（文部科学省初等中等教育局長通知，2013a）に示されている。
	言語障害，自閉症，情緒障害，弱視，難聴，学習障害（LD），注意欠陥多動性障害（ADHD），肢体不自由，病弱者・身体虚弱	
特別支援学級	特別支援学校に比べて障害の程度は軽いが，通常の学級での指導では十分に指導効果を上げることが難しい子供を対象として少人数学級を編制して指導を行う。	
	知的障害，肢体不自由，病弱・身体虚弱，弱視，難聴，言語障害，自閉症・情緒障害	
特別支援学校	障害が比較的重い子供を対象として専門性の高い教育を行う。	障害の程度は，学校教育法施行令第22条の3に規定
	視覚障害，聴覚障害，知的障害，肢体不自由，病弱（身体虚弱を含む）	

　障害のある子供の就学先はこの中から決められるが，教育支援資料（文部科学省，2013b）によれば，その決定に当たっては，「市町村教育委員会が，本人・保護者に対し十分な情報提供をしつつ，本人・保護者の意見を最大限尊重し，本人・保護者と市町村教育委員会，学校等が教育的ニーズと必要な支援について合意形成を行うことを原則とし，最終的には市町村教育委員会が，行政上の役割として就学先を決定する」のである。

　また，特別支援学校に就学する子供の障害の種類や程度は学校教育法施行令第22条の3に規定されているが，この規定に該当する子供はすべて特別支援学校に就学するのではない。つまり，学校教育法施行令第22条の3に該当する子供のうち，市町村教育委員会がその子供の障害の状態や教育上必要な支援の内容などを踏まえて特別支援学校に就学することが適当と判断した子供（これを「認定特別支援学校就学者」という。）が特別支援学校に就学することになっている。

引用・参考文献

文部科学省（2002）通常の学級に在籍する特別な教育的支援を必要とする児童生徒に関する全国実態調査．

文部科学省（2003）今後の特別支援教育の在り方について（最終報告）．

文部科学省中央教育審議会（2005）特別支援教育を推進するための制度の在り方について（答申）．

文部科学省（2007）特別支援教育の推進について（通知）．

文部科学省中央教育審議会初等中等教育分科会（2012）共生社会の形成に向けたインクルーシブ教育システム構築のための特別支援教育の推進（報告）．

文部科学省（2013a）障害のある児童生徒等に対する早期からの一貫した支援について（通知）．

文部科学省（2013b）教育支援資料．

第2節
日本における障害児教育の歴史

　日本における近代的な障害児教育は明治以降に始まった。以下では，「明治
～昭和初期（戦前）の特殊教育」「戦後の特殊教育」「特別支援教育への転換」
「特別支援教育の展開」に分けて日本の障害児教育の歴史を述べる。

1．明治～昭和初期（戦前）の特殊教育

(1) 視覚障害教育・聴覚障害教育

① 江戸末期

　盲児や聾児が各地の寺子屋で教育を受けていた。また，翻訳書や欧米視察し
た者を通して欧米の障害児教育が紹介され始めた。福沢諭吉は1866（慶応2）
年，『西洋事情』でヨーロッパの盲院，啞院，痴児院を紹介した。欧米では
1760年にド・レペによって聾学校が，1784年にヴァランタン・アユイによって
盲学校が，いずれもパリで設立され，その後，各地に盲学校と聾学校が設立さ
れていた。

② 明治期

　長州藩の山尾庸三は，イギリス留学中，造船所で聴覚障害者らが手話を使い
健聴者に伍して仕事をしている姿や盲・聾学校の見学を通して，盲児や聾児の
教育可能性を知る。帰国後，工学頭となった山尾は1871（明治4）年，盲啞学
校設立の建白書を政府に提出したが却下された。1872（明治5）年，日本で最
初の近代学校教育制度に関する規定である「学制」が発布された。障害児教育

に関しては学校の種類として「廃人学校」（障害児の学校を意味する）の名称が示されたが，それ以上の明確な記載はなく，また，学制発布以来，盲児や聾児は小学校の就学対象から行政的に除外された。そのような時期の1875（明治8）年，古河太四郎らは聾唖姉弟の教育を頼まれて京都府上京区第19番校（後の待賢小学校）の校内に瘖唖教場を開き指導した。盲児1名を加えて，1878（明治11）年，京都盲唖院を開設した（翌年，京都府立盲唖院となった）。これは日本の特殊教育の開始を意味した。1880（明治13）年，東京でもイギリス人宣教師フォールズを中心に中村正直らが組織した楽善会によって楽善会訓盲院が設立された。聾児も受け入れ訓盲唖院と改称され，1887（明治20）年，経営難のため官立東京盲唖学校となった。盲唖学校は欧米にはみられない日本独自の方式である。1903（明治36）年には東京盲唖学校で教員養成が開始された。視覚障害教育は，東京盲唖学校の小西信八の依頼を受けた石川倉次らがフランス人ルイ・ブライユ考案の6点点字を基礎に，日本語に合う日本訓盲点字を1901（明治34）年に考案し，充実していった。聴覚障害教育は手話法で教育が行われていた。欧米では，1880（明治13）年，イタリアのミラノで開催された第2回世

コラム

　ルイ・ブライユ（1809～1852）について，ヘレン・ケラー（1880～1968）は「人類がグーテンベルグの恩恵を受けているように，私たち視覚障害者はルイ・ブライユに恩恵を受けている」と述べた。電話の発明家グラハム・ベル（1847～1922）は聴覚障害教育に尽力した人であるが，ヘレン・ケラーの両親にパーキンス盲学校（アメリカの最初の盲学校）を紹介し，卒業生のアニー・サリバンが家庭教師として紹介されるきっかけを作った。ヘレン・ケラーは3度訪日し（1937年，1948年，1955年），日本の障害者福祉の発展に貢献をした。ヘレン・ケラーは江戸時代の盲の国学者，塙保己一（1746～1821）を尊敬していた。塙保己一は『群書類従』の編纂者である。アメリカ最初の聾学校を設立した人物は，フランスで手話法による教育を学んだトーマス・ギャローデット（1787～1851）である。息子のエドワード・ギャローデット（1837～1917）は聴覚障害者のための大学（現ギャローデット大学）を設立した人物である。1864年，当時の大統領エイブラハム・リンカーンが設立を認可する署名をした。エドワード・ギャローデットは手話法を擁護し，グラハム・ベルは口話法の推進者であった。

界聾教育国際会議において聾者の教育は手話ではなく口話で行うことが決まり，口話法が主流であった。

③ 大正〜昭和初期

　各地に設立された盲唖学校の多くは経営基盤の弱い小規模の私立学校で，法令上，小学校に類する各種学校の位置付けでもあり長続きしなかった。また，多くの盲児と聾児が就学できなかった。さらに，盲唖学校方式にも教育効果の観点から問題があった。このような状況を打開する運動が進められ，1923（大正12）年，「盲学校及聾唖学校令」が制定され，(a) 盲学校，聾唖学校の目的を普通教育と職業教育とする，(b) 道府県に盲学校，聾唖学校の設置義務を課し初等教育を無償とする，(c) 初等部と中等部の設置を原則とすることが規定された。制定以降，盲学校と聾唖学校の分離や新設がみられるようになった。同年改正の小学校令により，盲学校と聾唖学校の初等部在籍児は義務教育を受けていると見做されるようになった。しかし，就学率は関係者が期待したほど増えず，戦後まで課題が残った。教育内容・方法に関しては盲学校用・聾唖学校用教科書が発行され整備されていった。聴覚障害教育は，口話法が普及し，聾唖学校では手話が禁止されるようになった。

⑵ 知的障害教育

　知的障害教育は明治20年代，学校教育分野と社会福祉分野で始まった。

① 明治期〜昭和初期（社会福祉分野）

　石井亮一は，日本で最初に知的障害児施設（滝乃川学園）を設立し，体系的指導を行った。1891（明治24）年，石井は濃尾大地震で孤児となった女子を引き取って孤女学院を開設した。その中に知的障害児がいたことが契機となって知的障害児教育の必要性を感じて渡米し，知的障害児教育（エドワード・セガンの生理学的方法）を学んだ。1896（明治29）年，滝乃川学園に改組し，本格的に知的障害児の教育に取り組んだ。その後暫くは他に同様の施設は開設されなかったが，1909（明治42）年，脇田良吉によって白川学園が開設され，その後，各地に開設されていった。

コラム

　貼絵で著名な画家の山下清（1922〜1971）は，1928（昭和3）年に久保寺保久（1891〜1942）によって開設された八幡学園に12歳の時に入園した。全国各地を放浪し，学園に戻ってきてから放浪の途中で見た各地の風物を色彩豊かで細密な貼絵で表現した。「花火」「桜島」は有名である。山下清をモデルにした劇映画「裸の大将」は大ヒットした。久保寺は1934（昭和9）年の日本精神薄弱児愛護協会（日本知的障害者福祉協会の前身）創立に中心的な役割を果たした人物である。その初代会長は石井亮一である。（主に戸崎（1997）を基に作成した）

② 明治期（学校教育分野）

　1890（明治23）年，長野県松本尋常小学校に特別学級（落第生学級）が開設された。これが学校教育における知的障害教育の開始を意味した。続いて，1896（明治29）年に長野尋常小学校に特別学級（晩熟成学級）が開設された。これらは学制発布後の義務教育（4年）の普及に伴う就学率の向上の中で表面化した学業不振児問題への対策として始まった。明治30〜40年代，日本各地に同様の学級が開設されたが，長続きしない学級が多かった。

③ 大正〜昭和初期（学校教育分野）

　大正期後半，鈴木治太郎らによりビネー式知能検査の日本語版が作成され，以降，知的障害学級が大都市を中心に小学校に設立されていった。学校としては1940（昭和15）年設立の大阪市立思斉学校（現大阪府立思斉支援学校）が戦前唯一の知的障害児学校であったが，小学校に類する各種学校としての低い位置付けであった。

⑶ 小学校（義務）教育の就学猶予・免除規程（明治期〜昭和初期）

　1900（明治33）年，「第3次小学校令」が出され，小学校の就学義務の猶予の事由を「病弱又は発育不完全」，就学免除の事由を「瘋癲，白痴又ハ不具廃疾」と定め，法令上，明確に障害児を就学義務猶予・免除対象者とした。以降，「障害の重い知的障害児，肢体不自由児，盲児，聾児，重複障害児等は義務教育の対象外とされ，病・虚弱児は就学の猶予が当たり前とされるようになっ

た」（荒川・大井・中野，1976）。

⑷ 肢体不自由教育（明治30年代～昭和初期）

　明治30年代以降の整形外科学の発達を背景に肢体不自由教育の必要性が認識され始めた。教師であった柏倉松蔵（1882～1964）は，体操の授業を免除されていた肢体不自由児が，元気に体操する子供たちの様子を運動場の片隅で寂しそうに見ている姿に胸を痛め，そのことを契機として医療体操を行う学校風の施設を構想し，1921（大正10）年に柏学園を開設した。この日本最初の肢体不自由児施設は肢体不自由教育への関心を高めた。他方，整形外科医の高木憲次（1888～1963）はドイツのクリュッペルハイムのような治療・教育・職能の 3 機能を有する施設の必要性を訴えていた。1942（昭和17）年，高木の長年の努力により肢体不自由児・者施設である整肢療護園が開設された。学校としては1932（昭和 7 ）年に東京市立光明学校（現東京都立光明特別支援学校）が開設された。日本最初の肢体不自由児学校であり戦前唯一のものであったが，小学校に類する各種学校であった。

⑸ 病弱・身体虚弱教育（明治期～昭和初期）

　明治30年代，夏季休暇中の休暇集落の実践から始まった。休暇集落は身体虚弱児を対象に新鮮な空気の自然環境で外気浴や日光浴をさせて健康の回復を目ざして行われた。日清・日露戦争（明治27年・明治37年）後の国家の発展・国防の基礎としての国民の体位向上の観点から青少年の結核予防対策が大きな課題となった。その中で身体虚弱児の特別養護への関心が高まった。休暇集落の実践が結核予防対策にも繋がるものとして，休暇集落の実践に基づき，大正中期には寄宿制の学校として林間学校，海浜学校，外気学校等の実践が為されるようになった。その最初は，1917（大正 6 ）年に結核予防団体白十字会によって神奈川県茅ヶ崎に設置された白十字会林間学校で，小学 1 ～ 6 年生までの身体虚弱児を対象にした常設の寄宿制小学校であった。また，大正末期から大都市の一般の小学校のなかに身体虚弱児を対象とした養護学級が結核予防対策の

一環として設置されるようになった。その最初は，1926（大正15）年にできた東京市鶴巻小学校にできた養護学級であるが，1942（昭和17）年には1,616学級（6,491名）に達した。

2. 戦後の特殊教育

(1) 学校教育法の制定と特殊教育の規定

戦後，1946（昭和21）年制定の日本国憲法と1947（昭和22）年制定の教育基本法は，すべての国民に教育を受ける権利と教育の機会均等を保障した。教育基本法の理念に基づき，1947（昭和22）年に制定された学校教育法は，障害児教育に関して，9年間の義務教育および学校の種類として盲・聾・養護学校と規定した。また，小・中・高等学校に特殊学級を置くことを規定した。しかし，同法附則において盲・聾・養護学校の義務制の施行期日は「別に政令で定める」とされた。その理由として戦後の国家・地方財政の疲弊や新制中学校の義務制実施を控えていたこと，他方で新たに規定された養護学校は実体がなく，専門教師も養成されていないという状況であったことがあげられる。そのため，盲・聾・養護学校の義務教育実施が危ぶまれた。また，同法では，養護学校が対象とする障害は知的障害と肢体不自由とされていて，病弱児のための養護学校の設置は考えられていなかった。そして，病弱児は就学猶予・免除とされた。病弱児は療養に専念し，健康が回復してから教育を受けるのが望ましいという「治療第一主義」（谷口，1999）の考えであった。

(2) 戦後の視覚障害教育・聴覚障害教育

盲学校と聾唖学校は盲学校及聾唖学校令により戦前から整備されてきた実績があった。関係諸団体の強い要望により，1948（昭和23）年から学年進行で9年かけて義務制が完成した。このとき，聾（耳が聞こえない）は唖（言葉が話せない）ではないとの理解から聾学校に名称が改められた。盲学校と聾学校の設

置状況は大都市を除くと1県1～2校であり，寄宿舎生活や高額な通学費にな
るなど，保護者の経済的負担が大きかった。そこで，教育の機会均等の観点か
ら，経済的負担を軽減するため，1954（昭和29）年に「盲学校，聾学校および
養護学校への就学奨励に関する法律」が制定された。

(3) 戦後の知的障害教育・肢体不自由教育・病弱教育

　養護学校の義務制実施は戦前における学校や教員養成等の基盤の欠如から見
送られた。戦前，知的障害教育は小学校の特別学級の形態で進められてきてお
り，学校は大阪市立思斉学校1校であった。また，肢体不自由教育は戦前，学
校教育は十分な進展がみられず，学校は東京市立光明学校1校であった。病弱
教育については，2(1)で述べた通り，病弱児の養護学校は考えられていなかっ
た。結果として，養護学校の義務制実施は，1947（昭和22）年の学校教育法制
定から32年後の1979（昭和54）年まで待つことになった。

　ところで，学校教育法により障害児の教育機関は盲・聾・養護学校と特殊学
級と示された。また，1953（昭和28）年に出された「教育上特別な取扱を要す
る児童生徒の判別基準」により，重度障害児は就学免除，中度障害児は養護学
校か特殊学級，軽度障害児は特殊学級か通常の学級との基準が示された。それ
では養護学校の義務制実施までの期間，知的障害児，肢体不自由児，病弱児は
どこで教育を受けたのか。その期間，就学が認められた場合は小・中学校の特
殊学級で，就学猶予や免除となった場合は福祉施設（知的障害児施設と肢体不
自由児施設）で教育を受けることになった。また，養護学校に就学する場合，
義務制でないため，就学猶予・免除手続きを必要とした。

　養護学校の義務制実施のためには養護学校数を増やす必要があった。それを
進める上で，1956（昭和31）年成立の「公立養護学校整備特別措置法」が重要
である。これにより，公立養護学校を設置する場合，義務教育諸学校と同様に
国庫補助を行うことになった。以降，養護学校の設置が促進されていく。同法
付帯決議として特殊学級の振興が盛り込まれ，特殊学級数も増加していく。

　病弱教育に関しては，1957（昭和32）年の判別基準の改訂により病弱児も養

護学校教育の対象とされ，1961（昭和36）年の改正学校教育法により病弱者（身体虚弱者を含む）のための養護学校の設置が位置づけられた。

　養護学校数を増やすことと並行して，教育の内容面を充実するため，盲・聾学校に続いて，1963（昭和38）年に養護学校小・中学部学習指導要領が文部事務次官通達の形で示され，次に，1971（昭和46）年に文部大臣告示として正式に示された。また，教員養成に関しても1973（昭和48）年までに全国の教員養成大学に養護学校教員養成課程が設置された。この後，同年に養護学校の義務制実施の予告政令が出された。1979（昭和54）年，養護学校の義務制が実施された。障害児の全員就学が実現した。同年，通学困難な重度・重複障害児に対し訪問教育が開始された。

　聴覚障害教育に関して，1933（昭和8）年以降，聾学校は口話教育を主としてきたが，1993（平成5）年の「聴覚障害児のコミュニケーション手段に関する調査研究協力者会議」において手話の必要性が認められた。

⑷ 戦後の弱視教育・難聴教育・情緒障害教育・言語障害教育

　戦前，一部開始されていたが，昭和30年代以降，本格的に取り組まれるようになる。弱視教育は，1963（昭和38）年に大阪市立本田小学校に弱視特殊学級が設置され，以降，大都市を中心に設置されていった。難聴教育は，聴能学の発達に伴って，1959（昭和34）年に最初の難聴学級が岡山市立内山下小学校に設置され，昭和30年代半ば以降，学級数が増えた。情緒障害教育は，1961（昭和36）年に最初の情緒障害児短期治療施設（現在「児童心理治療施設」）が創設され，昭和40年代半ばから通常の小・中学校の情緒障害特殊学級が急速に増えた。言語障害教育は，1958（昭和33）年に仙台市立通町小学校に戦後初めての言語障害特殊学級が開設され，昭和40年代以降，急速に増えた。言語障害特殊学級では，当初から通級制が試みられた。その有効性から，1993（平成5）年，通級による指導が制度化された。

3．特殊教育から特別支援教育への転換

⑴　特殊教育の充実と特殊教育から特別支援教育への制度転換

　戦後，日本の特殊教育は「障害の種類と程度に応じて特別な場で専門的な指導をする」在り方で発展してきたが，2007（平成19）年，特別支援教育に制度の転換をした。この制度転換の背景的事情は何であろうか。

⑵　特殊教育から特別支援教育への転換の背景的事情

　1994（平成6）年，ユネスコはスペインのサラマンカで開催された「特別なニーズ教育に関する世界会議」において，障害児を含む特別なニーズのある子供一人一人に応じた対応によって同じ人間として包み込んでいくインクルーシブ教育（包容する教育制度）を進める「サラマンカ声明」を採択した。このような国際状況下，日本の特殊教育は，教育の観点からは3つの重要課題があった。一つ目に，発達障害児への対応の課題である。発達障害は特殊教育では制度の対象とされていなかったが，文部科学省による2002（平成14）年実施の「通常の学級に在籍する特別な教育的支援を必要とする児童生徒に関する全国実態調査」から，学習障害（LD），注意欠陥・多動性障害（ADHD），高機能自閉症等，学習や生活の面で特別な教育的支援を必要とする児童生徒が通常の学級に約6.3％在籍していることが示された（2012（平成24）年調査では約6.5％）。1クラス2～3人の割合になる児童生徒への制度的対応が重要課題となった。2つ目に，特殊教育制度の，障害の種類と程度に応じて特別な場で指導する在り方を見直すという課題である。1979（昭和54）年の養護学校の義務制実施により障害児の全員就学が実現した一方で，就学先は特別な場以外に選択肢のない制度（通級による指導は除く）であり，また，就学先判断の基準として障害の種類と程度以外の観点（障害児一人一人で異なる教育的ニーズの観点）に弱い制度であった。このことは，障害の無い子供の障害理解を育む上でも課題があった。つまり，特殊教育は共生社会形成の基礎となるものとして十分とは言

> **コ ラ ム**
>
> 　1959（昭和34）年，デンマークのバンク・ミケルセンが提唱した知的障害者の生活を可能な限り通常の人々の生活と同じにするノーマライゼーションの理念を盛り込んだ「知的障害者福祉法」が制定された。この理念は全障害者のものとなり，現在，障害者福祉をはじめ，福祉の基本思想となった。「個人が人としての尊厳をもって，家庭や地域の中で障害の有無や年齢にかかわらず，その人らしい安心のある生活が送れる社会がノーマルな社会である」という考え方である。

えない制度であった。3つ目に，特殊教育諸学校に在籍する子供の障害の重度・重複化への対応の課題である。養護学校の義務制実施以降，特殊教育諸学校に在籍する子供の障害の重度・重複化が進行した。これには，ノーマライゼーション思想の浸透により，通常の学校に就学する障害児が増え，特殊教育諸学校において重度・重複障害児が占める割合が増加したことも関係した。以上から，一つの障害種に対応した特殊教育諸学校制度は現状に合わなくなった。

(3)　特別支援教育の理念と制度

　上記3の(2)で述べた特殊教育の課題に対応するために特別支援教育に制度転換した。制度転換により，(a)特別支援教育の対象として従来の特殊教育の対象の障害種に LD，ADHD，高機能自閉症等の発達障害が加えられた。(b)小・中学校等においても通常の学級も含め特別支援教育を行うようになった。(c)一つの障害種だけではなく複数の障害種を受け入れることができる特別支援学校の制度に転換した。特別支援教育は，「障害のある幼児児童生徒の自立や社会参加に向けた主体的な取組を支援するという視点に立ち，幼児児童生徒一人一人の教育的ニーズを把握し，その持てる力を高め，生活や学習上の困難を改善又は克服するため，適切な指導および必要な支援を行う」（文部科学省，2007）と定義され，障害の種類と程度も含めた幼児児童生徒一人一人の教育的ニーズを重視するものとなった。

4．特別支援教育の展開

　2012（平成24）年に出された中央教育審議会初等中等教育分科会報告「共生
社会の形成に向けたインクルーシブ教育システム構築のための特別支援教育の
推進」において，障害児の学びの場として，(a) できるだけ同じ場で共に学ぶ
ことを目指すこと，(b) その時点で教育的ニーズに最も的確に応える指導を提
供できることが述べられた。また，すべての教員は特別支援教育に関する一定
の知識・技能を有していることが必要と述べられた。この報告を踏まえ，2013
（平成25）年に学校教育法施行令が改正され，「就学基準に該当する障害のある
子供は特別支援学校に原則就学する」とした従前の仕組みを改め，就学基準を
特別支援学校就学のための要件に位置付ける（認定特別支援学校就学者制度）等，
特別支援教育を前進させた。2016年（平成28）年4月には「障害を理由とする
差別の解消に関する法律」（障害者差別解消法）が施行され，合理的配慮が国公
立学校に義務付けられた。さらに，2018（平成30）年4月から高等学校におい
て小・中学校と同様に，特別の教育課程（通級による指導）によることができ
ることとなった。

文献

荒川勇・大井清吉・中野善達（1976）日本障害児教育史．福村出版．

浦崎源次（2002）障害教育・福祉のあゆみ．石部元雄・柳本雄次，ノーマラゼー
　ション時代における障害学．福村出版，31-48．

谷口明子（1999）日本における病弱教育の現状と課題．東京大学大学院教育学研究
　科紀要，39，293-300．

特別支援教育ハンドブック編集委員会（2011）特別支援教育ハンドブック．第一法
　規．

戸崎恵子（1997）山下清．茂木俊彦編集代表，障害児教育大事典．旬報社，795．

永渕正昭（2000）障害者のリハビリと福祉．東北大学出版会．

ピエール・アンリ，奥寺百合子訳（1984）点字発明者の生涯．朝日新聞社．

村田茂（2008）肢体不自由教育の歴史と理解．筑波大学附属桐が丘特別支援学校編
　著，肢体不自由教育の理念と実践．ジアース教育新社，7-28．

文部科学省（2007）特別支援教育の推進について（通知）．

山口薫（1982）教育学大全集35　障害児教育論．第一法規．

山主敏子（1980）世界の伝記42　ヘレン＝ケラー．ぎょうせい．

山本得造（2017）ルイ・ブライユ　暗闇に光を灯した十五歳の点字発明者．小学館
　　ジュニア文庫．

芳野正昭（2012）障害児教育の理念とその変遷．池田行伸・藤田一郎・園田貴章，
　　子どもの発達と支援．ナカニシヤ出版，216-224．

第3節
障害の概念とインクルージョン

「理念」（第1節）と「概念」（本節）の違いは何であろうか。「理念」とは，"ある物事に関して，それがどうあるべきかについての根本的な考え方"とある（金田一・金田一，2017）。要するに，特別支援教育に関して，それがどうあるべきかについての根本的な考え方を示す。その一方で，「概念」とは，"対象となるいくつかの事物から共通の要素をぬき出し，それらを総合して得た一般性のある表象"とある（金田一・金田一，2017）。要するに，各種障害の共通の要素をぬき出し，それらを総合して得た一般性のある表象（シンボル）を示す。

本節では，そもそも，「障害の概念」とは何なのか，また，どのように障害の概念が変化しているのかを具体例を交えながら論じる。そして，近年の障害の概念ともつながりをもち，誰もが相互に人格を尊重し合う社会の実現を目指す「インクルージョン」の思想について述べる。

1．障害の概念

障害の概念は，障害がどのように構成されているのか，その要素をぬき出して総合的に位置づけ，モデルで表すことによって明らかにされてきている。そのため，障害の概念は，時代や考え方の移り変わりによって，構成要素や位置づけ方が左右されるのである。そこで，本節で障害の概念を示すことは，現時点での「各種障害等の理解と支援（第2章）」を支える「思考の枠組み」を理解するうえで，非常に重要なことである。

あなたは，障害のある子供と向き合ったときに，「～をすることができない」

「〜してあげなければならない」と考えるだろうか。それとも，障害のある子供は，生活の歴史を背負って現在を生きている「生活の主体」としての存在で，「何かができる」「何かがわかる」ということに目を向けようとするだろうか。障害のある子供と向き合ったことのない人のために，少し見方を変えてみよう。もしあなたが子供の立場で，周囲から「〜できない」と考えられているということが直接的・間接的にでも伝わってきたら，どうだろうか。もしあなたが子供の立場で，生活の主人公として「何かができる」と周囲から目を向けられているということが伝わってきたら，どうだろうか。私たちの障害に対する「思考の枠組み」は，障害のある子供の生き方をも変える問題にもつながっているのである（茂木，2003，2010）。

　それでは，障害のある子供の生き方をも変えてしまう障害の概念は，どのような変遷を辿ってきたのだろうか。

2. 「障害の概念」の変遷

　現時点の障害の概念的枠組みとしては，WHO（World Health Organization，世界保健機構）が，人々の生活機能と障害を記述する「共通言語」とするために2001年に提唱した「ICF（International Classification of Functioning, Disability and Health，国際生活機能分類）」がある。

　まずは，このICFが制定されるまでの経緯を整理する。1980年に，ICD（International Classification of Diseases，疾病及び関連保健問題の国際統計分類，略称「国際疾病分類」）の補助分類として「ICIDH（International Classification of Impairments, Disabilities and Handicaps，国際障害分類）」がつくられた。ICIDHで示された障害モデルは，「疾病（Diseases）」による心身の変調から障害が発生し，その障害は，まず「機能・形態障害（Impairments）」が起こり，そこから「能力障害（Disabilities）」や「社会的不利（Handicaps）」へとつながっていくという構造であった（図1－1）。

　ICIDHは，ICDでは捉えきれない生活上の困難に関する記述・分類を可能

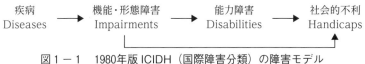

図1-1　1980年版 ICIDH（国際障害分類）の障害モデル

にしたこと，障害を多面的・構造的に理解する視点を示したこと，それをもと
にした施策が展開されたこと等，大きな功績を残したとされる（国立特別支援
教育総合研究所・WHO，2005；茂木，2003）。しかしながら，ICIDH には多く
の批判も寄せられていた。茂木（2003）は，ICIDH（1993年版）の序文を挙げ
て「『ICIDH』は社会的不利をもたらす過程での社会的・物理的環境の役割を
十分明確には述べておらず，そのために『障害 disablement の医学化 medi-
calization』を促進するものだと解釈されるかもしれない」とし，「障害の諸
側面の定義やそれが形成される過程での環境因子の役割を明確にする」ことが
必要であると指摘した。また，国立特別支援教育総合研究所・WHO（2005）
は，教育の視点から ICIDH には「環境的要素が含まれていないために個人の
中で完結していること」や「構成要素間の関連が十分でないこと」を挙げた。
さらに，千賀（2006）は，教育・福祉の関係者の意見を引用して，「環境や生
活条件が十分に考慮されず，支援のアプローチが機能障害への治療・訓練に限
定されるとの問題点があること」を指摘した。そして，上田（2010）は，①
1981年の国連国際障害者年世界行動計画の「機能障害があっても能力障害を起
こさないようにすることができるし，能力障害があってもそれが社会的不利を
起こさないようにすることができる」という記述を引用して，影響は中断でき
ること，②モデルで示した矢印と逆方向の影響もあるため，双方向の矢印で結
ばれるべきであること，③環境の影響を考えに入れていなかったことを指摘し
た。上田（2010）は，ICIDH の障害モデルの最大の弱点は，「環境」を考慮し
ていなかったことであるとしている。
　こうした指摘を受けて，人間の生活機能（Functioning）の低下を「環境」
を含めた広い視野で捉え，全人的な成長への支援を行う教育の考え方に沿うも
のとして（国立特別支援教育総合研究所・WHO，2005），前述した ICF の相互

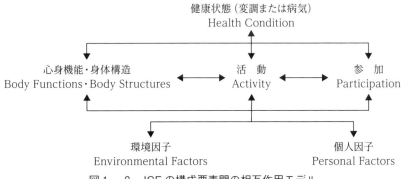

図1－2　ICF の構成要素間の相互作用モデル

作用モデルが2001年に提唱された（図1－2）。

　また，ICF の相互作用モデルを構成する要素の定義は，表1－2の通りである（藤野，2013；国立特別支援教育総合研究所・WHO，2005；茂木，2003）。これまでの ICIDH の障害モデルとの違いは何であろうか。ICIDH と比較しながら ICF の相互作用モデルの教育的な特徴を紐解く。

　まずは，各概念図の構成要素に含まれる意味に注目する。ICIDH は「機能・形態障害」，「能力障害」，「社会的不利」とネガティブな側面から概念が説明されている。一方で，ICF は「心身機能・身体構造」，「活動」，「参加」，つまり「生活機能」というポジティブあるいは中立的な側面から捉えている。ICF は，子供たちが疾病により「～できない」ので，教育によって社会的不利を被っている部分を改善・克服しようとすることを目指すのではなく，子供

表1－2　ICF での構成要素の定義

心身機能	身体系の生理的機能（心理的機能を含む）のこと
身体構造	器官・肢体とその構成部分などの身体の解剖学的部分のこと
活　動	個人が行う課題または行為の遂行のこと
参　加	社会・生活場面へのかかわりのこと
環境因子	物的環境や社会的環境のこと ＊背景要因の主なものとして考えられている
個人因子	個人の人生や生活などに関する個別の背景のこと

たちの生活の全体像を捉えることの重要性を示唆している（国立特別支援教育総合研究所・WHO，2005；上田，2010）。

　次に，ICF では，「個人因子（個人の心身の状態）」だけではなく，「環境因子」も加わっている。環境とのかかわりを含めて社会生活を営む一人の子供を包括的に捉えることができるようになったことにより，バリア・フリーやユニバーサルデザインなどの概念につながる新たな視点を得たことになる（藤野，2013）。バリア・フリーは，障害のある人などの行動の妨げとなる物理的障壁とともに，社会参加の機会を制約する制度的・心理的障壁を取り除くことで，機会平等の実現を目指すものである（鈴木，2010）。また，ユニバーサルデザインは，全ての子供を対象とした社会設計を指すものである。すなわち，バリア・フリーもユニバーサルデザインのどちらの概念も，「環境」を変更することで，全ての子供が参加の制約を受けずに活躍できる社会の実現を目指すものである。

　そして，各構成要素をつなぐ矢印に着目すると，一方通行の矢印から双方向の矢印に変化している。これは，構成要素が因果関係でつながっているのではなく，互いに影響し合って存在していることを表しており，さまざまな因子が影響し合って，子供たちの生活が成り立っているということを示唆している（国立特別支援教育総合研究所・WHO，2005）。

　以上のことから，ICF の教育的特徴を整理すると，ICF は子供たちの生活の全体像を「生活機能」というポジティブあるいは中立的な側面から捉え，環境とのかかわり，相互作用の中で，全ての子供たちが参加の制約を受けずに活躍できる社会の実現を志向するものであると言える。環境の中には，子供たちとかかわる人々や仲間の子供たちも含まれるため，前述したように，それらの人々が，子供たちのことを「～することができない」存在と見なすのか，それとも「何かができる」存在と見なすのかによって，子供たちに対する言葉かけや支援の内容も変わってくるのではないだろうか。そして，そうした周囲の人々の見方は，子供たちにも伝わり，子供たち自身の生きる意欲や自信，ひいては，その後の人生そのものにも影響を与える可能性があるだろう。このように，ICF の視点をもつことは，自分の人生の主人公として，子供たちが主体

的に生きることを支えることにつながる。そこで，次項では，このような
ICF の視点を用いた子供の理解と支援について具体例を示しながら説明する。

3．ICF の視点を用いた子供理解と支援

　例えば，次のような実態の小学校特別支援学級（自閉症・情緒障害）に在籍
する A さんがいると想定する。

- 生活年齢（CA）は 6 歳 3 ヵ月（小学 1 年生），田中ビネー知能検査による精神年齢
  （MA）は 5 歳 0 ヵ月。
- 発語が遅れたため，3 歳児健診の際に自閉症という診断を受けている。
- コミュニケーションに障害がある。
- 特別支援学級では小声で発表しているが，交流学級では人見知りのため発表できない。
- 関係機関との連携による早期発見・治療の成果から，家庭での日常生活上の会話は成立
  している。

　A さんの実態を ICIDH の概念的枠組みで捉えると，次のように整理・モデ
ル化することができる（図1－3）。

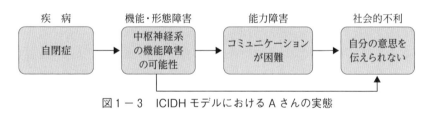

図1－3　ICIDH モデルにおける A さんの実態

　A さんは，自閉症の診断を受けており，中枢神経系に機能障害を有していることが推
定されるため，コミュニケーションに障害があり，人見知りのため，特に大勢の人の前で
の発表となる交流学級での発表に困難が生じている。そのため，交流学級において，自分
の意思を伝えたくても伝えられない。

　一方，ICF の概念的枠組みで A さんの実態を捉えると，次のように整理・
モデル化することができる（図1－4）。この時，A さんや保護者への聞き取
り等を通して，A さんの「願いや想い」（主体・主観）に着目することも重要
である。この「主体・主観」を ICF に盛り込むことによって，A さん自身が

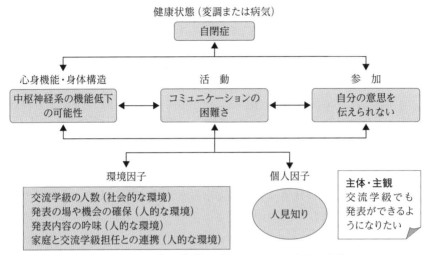

健康状態（変調または病気）

自閉症

心身機能・身体構造
中枢神経系の機能低下
の可能性

活　動
コミュニケーションの
困難さ

参　加
自分の意思を
伝えられない

環境因子
交流学級の人数（社会的な環境）
発表の場や機会の確保（人的な環境）
発表内容の吟味（人的な環境）
家庭と交流学級担任との連携（人的な環境）

個人因子
人見知り

主体・主観
交流学級でも
発表ができるよ
うになりたい

図1－4　ICF相互作用モデルにおけるAさんの実態

人生の主人公として，歩む道を主体的に選択し，意思を決定することにつながっていくのではないだろうか。

　Aさんは，交流学級でも発表したいが，発表することができない。その要因としては，Aさん自身の人見知りの性格の他に，交流学級の人数の多さ，発表する場や機会の確保等が考えられる。また，「これなら自信をもって発表できる」というAさん自身が発表したい内容を十分に聞き取っておらず，Aさんを生活の主人公とする取り組みが進められていない。
　一方，家庭では，関係機関との連携により，日常生活上の会話が成立していることから，家庭と交流学級担任との連携も必要なことであると考えられる。

　このようにICFを活用してAさんの実態を理解すると，「環境因子」に挙げられた事項に配慮した支援に目を向けることができる。「環境」を変更することで，Aさんは「何かができる」存在として，今後の展望を描くことが可能となる。Aさんの実態を捉えることに続いて，支援の方向性を決定する必要がある。国立特別支援教育総合研究所・WHO（2005）は，支援が「なぜ」

必要なのかという根拠が重要であり，その根拠を示すものが ICF モデルによる子供理解であると述べている。そして，次に示すような手順を提案している。

⑴ 現状の把握・分析（情報の収集・収束）

　まずは，A さんの実態を理解することから始める。A さんとその家族構成を中心に描き，生活の主人公として，A さんに関する情報を「教育」，「余暇」，「行政」，「医療・福祉等」の観点別に収集する（図1−5）。生活マップの作成が困難な場合は，A さんの生活スケジュールを把握することも考えられる。生活スケジュールは，時間帯ごとに活動内容や現在の状況（必要な援助），希望（目標）などを記載していくものである。生活マップや生活スケジュールを通して，A さんの理解を進めて，適切な課題を見出し，A さんの生活の全体像を捉えていく。

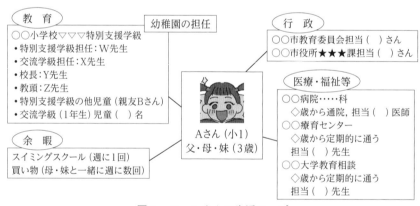

図1−5　A さんの生活マップ

⑵ 支援目標・内容の設定

　ICF モデル（図1−4）や生活マップ（図1−5），生活スケジュールなどを用いて，A さんの生活の全体像をつかんだ上で，支援目標・内容が達成されるために必要な方策を考える。方策に関しては，「誰が」，「いつ」，「どこで」，

「何を」,「どのように」実行していくことが効果的なのかを関連機関と協力・連携しながら設定していく。例えば,Aさんの「交流学級でも発表ができるようになりたい」という「主体・主観」に対して,「教育」の観点から,特別支援学級の担任は,特別支援学級および交流学級で「何をどのように」支援していくのか,交流学級の担任等と検討を重ねながら具体的に設定する。そして,交流学級の担任は,交流学級の児童らとともに,例えば,「余暇」の観点にある得意なスイミングの要素を含めて,「どのように」発表の場や機会を確保していくのかについての具体案を検討する。さらに,「医療・福祉等」の観点から,大学での教育相談の担当者は,定期的な相談の中で「何をどのように」支援していくのか,誰と協力・連携しながら支援の方向性を定めていくのかを決める。このように学校内外の「環境因子」を活用しながら,支援システムを整備して支援目標・内容を設定していく。

⑶ 支援計画の立案・検討・評価

　支援目標・内容を設定し,Aさんにとって適切な課題を見出したところで,支援計画を立案し,その支援計画を実施した結果を踏まえて,支援計画を再度検討し,評価するといったサイクルを機能させる。こうしたサイクルの中で,情報共有を図ることが重要となってくる。例えば,小学校では,Aさんのケース会議や保護者との面談での情報共有が挙げられる。また,小学校の関係者と療育センターの担当者が情報共有する場を設定することも考えられる。このように,ICFを根拠として,Aさんの理解や支援につながる情報共有の機会を定期的に設定することが重視されている。

　以上から,ICFの視点を用いて子供理解・支援を行うことは,子供を生活の主人公として,子供が歩む道を総合的・多角的に理解し,その理解に基づいた支援の方策を検討することであると考える。本項では,国立特別支援教育総合研究所・WHO（2005）を参考にしながら,子供の人生をも変えてしまう可能性のある障害の概念について具体例を示しながら論じた。しかしながら,ICIDH誕生の約20年後にICFという概念が登場したという状況を鑑みると,

現時点では，ICF の相互作用モデルがもっとも包括的な障害モデルとされているが（上田，2010），今後も ICF が適用され続けるわけではないと考える。なぜならば，ICF という概念においても，障害のある人が「自己の生をどのように意味づけ，方向づけ，価値づけるか」といった課題等が残されているからである（茂木，2003）。ICF は2001年に提案されており，今後も改訂されていくことが十分に予想される。子供たちのよりよい人生を創出するために，引き続き子供の生活の全体像を踏まえた，新たな障害の概念が提唱されることを願っている。

　ここまで述べてきた，全ての子供たちが主体的に自分の人生を生きることができる社会の実現を目指す ICF の概念は，誰もが相互に人格を尊重することを目指す「インクルージョン」の思想につながるものである。そこで，次項では，インクルージョンについて論じる。

4．インクルージョン

　インクルージョンは，エクスクルージョン「排除」の対義語であり，「包含」という意味である。インクルージョンの形容詞であるインクルーシブとエデュケーション「教育」を組み合わせたインクルーシブ・エデュケーションは「包含的な教育」と訳すことができる。インクルーシブ・エデュケーションは，多様な子供たちが可能な限り通常の子供たちの中で支援を受けながら教育されることであり，アメリカ合衆国やカナダ，オーストラリア等で共通して唱導されている。このような動きは，1980年代末のアメリカ合衆国の特別支援教育の専門家たちの「学校がインクルーシブ・スクールになるべきであり，インクルーシブ・エデュケーションを実現すべきである」という主張から始まった。その後，1994年，ユネスコとスペイン政府共催による世界教育会議の「サラマンカ声明」により，世界中の全ての子供を学校にインクルージョンする教育の在り方を追求することとなった。有名な文言として，「school for all, education for all（全ての子供のための学校　全ての子供のための教育）」がある。この全て

の子供は，障害のある子供だけではなく，ストリート・チルドレン，児童労働をさせられている子供，辺境の農村地帯に住む子供，遊牧民の子供などを指しており，ユネスコの統計では，全世界の子供の約1割が該当するといわれている（茂木，2003）。

　ユネスコによると，従来の教育システムは，こうした子供たちを通常の教育から「分離された環境」に追いやり，その後，成人期に至るまで地域での社会的・文化的生活の外側に追いやっていることが指摘されている。このことに関して，小山（2013）は，幼児期から障害の有無にかかわらず全ての子供たちが，共に育ち合いながら生活を送って仲間意識を育むことは，その後の人生において重要な意味をもつと述べている。さらに，小山（2013）は，障害のある子供と障害のない子供が互いに影響し合うことは，共生社会の実現に向けて豊かな感情をもつ国民の意識を醸成する基礎となると考えている。

　インクルーシブ・エデュケーションの他にも，インクルーシブ・チャイルドケア（インクルーシブ保育）という思想も存在し，障害のある幼児を中心にした保育活動・プログラムが仕組まれており，障害のある幼児一人一人の保育ニーズが満たされた保育が行われている（小山，2013）。また，ソーシャル・インクルージョンという思想も存在し，障害のある人々のケアをコミュニティでサポートしていこうとする動きもある（清水，2015）。生涯を通じたインクルージョンの実現は，一人一人が多様な個性や能力を発揮し，新たな価値を創造して，互いの強みを生かし合い，人が人としてより幸せに生きることのできる「多様性に富む社会」（教育再生実行会議，2016）の具現化にもつながるであろう。

文献

藤野博（2013）発達支援．藤永保監修，最新 心理学事典．平凡社，618-619.
金田一春彦・金田一秀穂（2017）学研現代新国語辞典　改訂第六版．学研プラス.
国立特別支援教育総合研究所・WHO編著（2005）ICF（国際生活機能分類）活用の試み：障害のある子どもの支援を中心に．ジアース教育新社.
教育再生実行会議（2016）全ての子供たちの能力を伸ばし可能性を開花させる教育へ（第九次提言）．教育再生実行会議.

茂木俊彦（2003）障害は個性か　新しい障害観と「特別支援教育」をめぐって．大月書店.

茂木俊彦（2010）障害・生活・発達．茂木俊彦編集代表，特別支援教育大事典．旬報社，441-442.

小山望（2013）第1章　インクルージョンとは．小山望・太田俊己・加藤和成・河合高鋭編著，インクルーシブ保育っていいね：一人ひとりが大切にされる保育をめざして．福村出版，28-33.

千賀愛（2006）第1章　特別支援教育のシステムと課題．橋本創一・霜田浩信・林安紀子・池田一成・小林巌・大伴潔・菅野敦編著，特別支援教育のための基礎知識：障害児のアセスメントと支援，コーディネートのために．明治図書，9-25.

清水貞夫（2015）ノーマライゼーションからソーシャルインクルージョンへ．玉村公二彦・清水貞夫・黒田学・向井啓二編著，キーワードブック特別支援教育：インクルーシブ教育時代の障害児教育．クリエイツかもがわ，12-13.

鈴木勉（2010）バリア・フリー．茂木俊彦編集代表，特別支援教育大事典．旬報社，761.

上田敏（2010）障害の概念．茂木俊彦編集代表，特別支援教育大事典．旬報社，437-440.

第2章
各種障害等の理解と支援

第1節
視覚障害

1．視覚障害教育の対象

⑴ 教育の対象

　視覚障害とは視機能（見る機能）に何らかの不自由さのある状態である。眼鏡の処方をはじめとした眼科医療の処置が施されても必要な視機能が得られず，心身の発達や日常の生活に支障があるときは，社会的に視覚障害としての支援や配慮が必要となる。視覚障害は，眼球の疾患や機能低下のほかに，情報を脳に送る視神経や脳の疾患（中枢性視覚障害），心理的な要因（心因性視覚障害）によっても起こる。本節では眼球の疾患や機能低下の場合を中心に述べる。

⑵ 視機能

① 眼球の構造

　視覚器である眼球の構造は図2－1のとおりである。外界の視覚情報を伝える光は，角膜から入り，前眼房，水晶体，硝子体を通って網膜に達する。網膜には視細胞があり，受け取った光の刺激は視神経を通って脳に送られ視覚情報として認知され

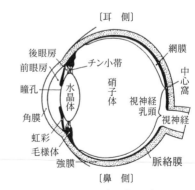

図2－1　眼球の水平断面図
（出所）原田，1989

る。視機能には，以下のようなものがある。

② 視　力

視覚の精度（どれだけ細かく見分けられるかということ）を示す単位である。視力の段階を表2－1に示す。

表2－1　視力の段階

視力段階	状　　　況	備　　　考
0（全盲）	光の明暗を感じない	
光覚（明暗弁）	明暗がわかる	光の方向がわかる場合がある
手動弁	眼前の手の動きがわかる	健常者が閉眼したときの状態
指数弁	眼前の指の数がわかる	
0.01	手が届く範囲のものの弁別が可能	
0.02	1m先のものの弁別が可能	
0.3	黒板の小さい板書文字がだいたい読める	教室の前3列の席

　遠くを見る視力は遠見視力，手元を見る視力は近見視力である。視力を測定するには一般的にランドルト環（図2－2）を用いて行われる。遠見用，近見用のランドルト環視標がある。視覚障害児の視力については，支援方法の検討のため，遠見視力，近見視力の双方を測定する必要がある。また，ランドルト環が並んだ視力検査（万国式試視力表）で測定した視力を字づまり視力，一つだけのもので測定した視力を字ひとつ視力という。成人に比べて幼児は，多数の刺激から一つを取り出して注目することが困難（読み分け困難）であることから，幼児にはランドルト環の単独視標を用いた字ひとつ視力を測定することが望ましい。ランドルト環での検査が困難な低年齢児や重複障害児には，主に近距離で測定する検査として，森実氏ドットカード検査（図2－3）やリー・シンボル（LEA Symbols, 図2－4），テラー・アキュイティカード（TAC, 図2－5）などがある。これらは視標の中における点や縞模様の刺激のあるものとないものを見分けたり，絵刺激を見分ける方式をとっており，刺激の大きさによって視力を評価する。被験者の反応には，ことばによるもの，指さしによるもの，手元で同じものを選ぶもの，視線を向けるものなどがあり，対象児

図2-2　ランドルト環

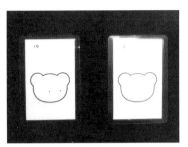

図2-3　森実氏ドットカード検査

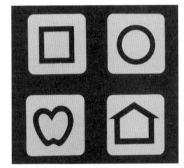

図2-4　リー・シンボル

図2-5　テラー・アキュイティカード

の発達状況や行動特性をふまえて検査を行うことで評価の精度が高まる。

③ 視　野

　眼で見える範囲のことである。眼科医療では一般的にゴールドマン視野計による視野検査が行われる。視野の障害は，① 視野の広さが狭くなる視野狭窄，② 視野一部分が見えない暗点，③ 視野の半分が見えない半盲（4分の1が見えないこともある）に大別される。乳幼児から視野障害を発症する代表的な疾患として網膜色素変性や先天性緑内障がある。

④ 光への順応

　明るさに眼が慣れることを明順応，暗さになれることを暗順応という。これは網膜の錐体細胞と杆体細胞の働きによる。錐体細胞は，網膜の中心部分に多く分布し色や形を感じるための重要な働きをしている。杆体細胞は網膜の周辺部部分に多く主として光を感じる。明るい場所では錐体細胞が，暗い場所では

杆体細胞のほうがよく働く。網膜の周辺部に病変がある場合，杆体細胞の働き
が低下するために暗所視が不良となる。これを夜盲といい夜間の外出では視覚
を使っての行動が困難となる。一方，錐体細胞の機能が低下する疾患では，明
所視ではまぶしさ（羞明）を訴える。

⑤　色　覚

　網膜の錐体細胞は，その分光吸収特性の違いからL錐体，M錐体，S錐体の
3種類に分類されている。それぞれの細胞は網膜に届く光の波長によって感度
が異なっている。これらの細胞から送られる感覚信号の組み合わせによって色
として認識されるといわれる。錐体細胞の感受性の特性による色覚異常がある。
このうち，1色覚では色覚が欠如し色はその明るさに応じて白，灰色，黒に感
じるが，視力障害などを伴うものがあり，この場合は視覚障害教育の対象とな
る。

⑥　眼球運動

　眼球の外部に結合し眼球を動かす筋を外眼筋といい8種の筋がある。この各
筋の収縮のバランスによって眼球運動は維持されている。視覚障害児にはしば
しば眼球が揺れる眼振（眼球振盪）がみられる。また，片眼で目標を見ると他
眼が別の方を向いてしまうものを斜視という。視覚障害児には両眼の視力に差
があったり，斜視のために両眼でものを見る機能が良好でないことが多い。

⑦　障害の程度

　視覚障害は，眼球や視神経，視中枢の疾患により，上記に述べたような視機
能の一つまたは複数の障害がみられるものである。医学的に視機能は左右それ
ぞれの眼を対象に診断され，盲とは視力0のことをいう。一方，教育や福祉制
度では，教育の方法や生活での援助の必要度をふまえて視覚障害が取り扱われ
る。教育において盲とは視覚を使った教育が困難な場合を指し，視覚による教
育が可能な場合は弱視という。視力が0.01では点字の使用者が多く，0.02では
普通の文字の使用者が多くなっている。この場合，点字での教育は盲教育の方
法であり，普通の文字での教育は弱視教育の方法といえる。

　視覚障害教育の対象児には他の障害を併せ持った重複障害児も多い。柿澤ら

(2012) による調査報告によると2010年度の視覚特別支援学校＊小学部・中学部の重複障害児童生徒の割合は，それぞれ60.6％，50.4％であった。また，弱視学級＊での重複障害児童生徒の割合は，小学校で32.4％，中学校で36.8％であった。重複する障害は，知的障害，肢体不自由，聴覚障害，発達障害などさまざまであり，知的発達や行動特性，運動機能などを適切に評価し，関係する他機関からの情報もふまえた支援計画の作成が望まれる。

　＊　視覚特別支援学校，弱視学級については本節 3 ．視覚障害児の支援　(1)① および ② を参照。

2．視覚障害児の発達における傾向

(1) 視力の発達

　視力の発達は 6 歳頃までにほぼ完成するといわれているが，近視や遠視などの屈折異常，斜視，眼の遮蔽はその妨げになる。これらによって視力の発達が妨げられるものを眼科医療では「弱視」という。子供の視力は 3 歳頃から自覚検査による測定が可能になる。ランドルト環による視力検査の実施可能率は，3 歳 0 か月で73.3％，3 歳 6 か月で95.0％となっている。そのため，市町村で実施される 3 歳児健診においては視力検査を実施することが求められており，精査が必要な場合は眼科医の受診が必要である。これらによる視力発達の障害は，眼科医療の対象となる。医学的な「弱視」の場合は治療の対象となるが，視覚障害教育の対象となるのは，眼球などの器質的疾患がある場合が多い。

(2) 視覚障害の原因

　視覚障害教育対象児の視覚障害原因について，全国の弱視学級および弱視学級通級指導教室を対象とした2010年度の調査をみると，症状別に未熟児網膜症が21.5％で最も多く，次いで小眼球・虹彩欠損8.4％，白内障6.4％，弱視（原因不明）8.7％，白子5.7％，網膜色素変性症6.0％，視神経萎縮6.0％，網膜芽細胞腫4.7％の順であった。部位別に見ると未熟児網膜症，網膜色素変性症，

網膜芽細胞腫などの網脈絡膜疾患が弱視学級，視覚特別支援学校ともに最も多くなっており，水晶体疾患と眼球全体の疾患の割合が減少している。その背景として未熟児網膜症の割合の増加と，白内障，小眼球，緑内障の割合の減少が指摘されている。

⑶ 発達・行動における課題

① 盲　児

ア．外界への探索意欲

　視覚は発達や行動において重要な感覚であることはいうまでもない。晴眼児では5か月で見えるものに手を伸ばそうとする行動がみられ，6か月になると手でつかむこともできてくる。このような行動は，単につかむという運動機能だけでなく，外界にかかわろうとする意欲とあいまって発達する。盲児では，外界への探索意欲を発揮する機会が少なくなる。

イ．周囲の状況理解

　盲児は晴眼児に比べて，奥行きなどの空間の位置関係や，物が落下したり別の位置に置かれるといった時間の経過による空間での移動，大きすぎるものや触ることができないようなものを視覚的にとらえられず，周囲の状況理解に困難さがある。また人の顔の表情のような非言語的コミュニケーションにも不利がある。

② 弱視児

ア．細かいものが見えない

　弱視児は視覚を活用することができるが，多くの場合視力障害があり，距離の離れたものや細かいものを見ることが困難である。炎のように対象物に近づいて見ると危険なものなどは直接見ることが難しい。

イ．視経験の不足

　弱視児は視力などの視機能の障害自体が必ずしもハンディになるのではない。弱視児と，一時的に弱視と同様の視力にした晴眼児（仮弱視児）とで図形の認知力を比較した報告がある（伊藤，1976）。それによると，視力の程度にもよる

が，仮弱視児の方が全体的に認知の成績がよかった。晴眼児は，正確な視覚経験を積んでおり，見えにくい状態に置かれても推測による認知がより可能である。一方弱視児は，普段から認知可能なぎりぎりの視力であることから，晴眼児ほどには正確な視覚イメージが積まれていない傾向がある。また，視力0.2未満では視経験の不足が具体的な認知に影響を与えると五十嵐（1971）は指摘している。

3．視覚障害児の支援

⑴ 支援・教育の場

① 特別支援学校

　視覚障害児の支援・教育を専門的に行っている主なものとして，まず視覚障害を対象とした特別支援学校（以下，視覚特別支援学校という）がある。かつては，盲学校，聾学校，養護学校と区分されていたものが，制度上一本化され特別支援学校となったものである。実際の学校名は，「盲学校」「視覚特別支援学校」「視覚支援学校」などがある。視覚特別支援学校は幼稚園，小学校，中学校，高等学校に準ずる教育を行うとともに，視覚障害を補うための知識・技能を習得させることを目的としている。したがって多くの視覚特別支援学校に，幼稚部，小学部，中学部，高等部が設置され，高等部には本科と専攻科がある。また，視覚特別支援学校は，就学前の乳幼児や，通常学級に在籍する児童等への支援など，地域における「センター機能」が期待されている。

② 特別支援学級と通級指導教室

　小学校，中学校に弱視児を教育対象とした特別支援学級が設置されている（以下，弱視学級という）。弱視学級は従来，授業のほとんどを弱視学級で受ける固定学級方式であったが，構内の通常学級や，他校からの通級方式による指導も行われていた。これはほとんどの学習を通常の学級で行い，一部の特別な指導を弱視学級などで受けるものである。1993年の学校教育法施行規則一部改

正で通級による指導が制度化されている。

③ 児童発達支援センターなど

　学校のほかに，乳幼児期を対象に支援を行っている児童発達支援センターなどがある。筆者が所属する福岡市立心身障がい福祉センターでは，就学前の視覚障害乳幼児支援の部門を設けている。

⑵ 視覚障害児の支援

① 感覚の活用

　視覚障害児の発達・行動上の課題は固定的なものではない。まず，視覚障害以外の障害が重複していなければ，視覚障害児は視覚の欠如を聴覚や触覚などの代行感覚で補うことができる。微妙な音や触感の違いを感じ取りイメージや概念を形成することができる。また，保護者や教師が意図的にさまざまな経験をさせ，視覚障害児にとっていわば二次的障害ともいうべき経験不足を補うことが重要である。

② 保護者へのサポート

　視覚障害は比較的早期に発見される。盲のような重度の障害は特に早く気づかれる。保護者には，我が子の障害についての理解を促し適切な養育を行えるよう支援を行う。障害の理解促進としては，ブラインドやシミュレーションレンズを使って盲，弱視の疑似体験を行い，子供の特性を理解できる機会を設ける。対人共感性を高めたり，ボディイメージの形成を進められるよう，大人との身体接触遊びを取り入れる。子供の支援方法を保護者に体験してもらい家庭でも実践できるよう支援する。また，保護者の心理的状態は子供の養育に大きな影響を及ぼすことから，保護者の精神的な安定を図るためにも，保護者同士の交流を進めたり，より年長の児童生徒の保護者の話を聞く機会をもつことは有効である。

③ 盲児の支援

ア．物のイメージと概念形成

　実際に全身や手指を使った遊びや作業を通して，外界の事象とことばを結び

つけ正確なイメージを身につけさせる。魚，花，海，山などの自然事象，滑り台，ブランコ，自転車，自動車などの遊具・用具，室内の壁の様子（図2-6），道路の縁石，横断歩道，踏切などの移動環境に関する事象などさまざまなものを，手全体の動きによる運動感覚，指の触覚，聴覚などを通して，楽しみながら体験をさせていく。「山」のイメージの獲得では，実際に山頂まで登ることを通して，岩の多い道や雪道などを経験させ概念形成を促す。「魚」についてはパック詰めされた切り身のイメージにとどまっている場合もある。魚の全体を触察する学習が必要である。

　学校での教科学習でもレディネスとなる経験とイメージが重要である。学校では，実際に触らせて多くの学習を進める。触察の仕方の例として，片手で基準となる場所を確保し，もう一方の手で端までたどって大きさや角度などの位置関係を観察する。また，立方体の観察では両手の指を使って各面の位置関係を理解させる。観察のしやすさや概念形成のために，触教材の選択は重要となる。

イ．身体運動

　盲児は模倣による学習が困難であるため，正しい歩行や運動の姿勢を体得できていないことがある。正しい姿勢で「走る」ことは外部から教えられなければ体得できないといわれる。そのため，幼児期から身体運動を言語でコントロールできるよう支援する。また，自立歩行の基礎段階では，ドアや水道の蛇口などの身近な場所に音を頼りに正確に一人で歩くことを教えていく。手を引かれてではなく，自分で歩くことが大切である。これらは円滑な移動能力や正確なボディイメージの獲得に重要で，学齢期からの，白杖を使った自立歩行の獲得や，さらにはスポーツを通した余暇活動の展開につながっていく。

ウ．点　字

　点字は盲児にとって学習・コミュニケーション手段として重要なものであり，小学部入学時点から点字の読み，書き等の指導を行う。点字触読のレディネスとして手指で物体の弁別をしたり（図2-7），凸線を正確になぞる技術を習得させることが重要である。

図2－6　部屋の「隅」を観察

図2－7　長さ比べ

④ 弱視児の支援

ア．視経験とイメージの獲得

　弱視児も盲児と同様により正確なイメージを獲得させる支援が必要である。多くの弱視児は視力の障害があり，対象物の拡大が有効であることが多い。拡大の最も基本的な方法は，眼を近づけてよく観察することである。視野障害がある場合は，拡大することで全体がよく把握できなくなることがある。また，羞明があるときは，拡大よりも見るものを濃く書くなどしてコントラストを強めると効果的であることがある。いずれも対象児の視機能をふまえ反応を確かめながら見せ方を決めていく。

　絵本を読むことができる弱視児でも，足下にいる蟻に気づかないことを見てあらためて保護者は本児の視力障害を痛感するといったことがある。晴眼児は遠くのものでも自然に眼に入ってくるように経験できる。弱視児は近づけたり，あるいは絵本，絵カードなどを代用して意図的にじっくりと観察させることが必要である。

イ．光学機器の活用

　ものを拡大して見る光学機器としては，まず黒板の板書など遠方のものを見るための遠用弱視レンズ（単眼鏡など）（図2－8），教科書など手近なものを見るための近用弱視レンズ（ルーペなど）（図2－9）がある。これらの弱視レンズは，子供に与えただけでは効果的な使用が期待できない。必ず系統立てた使用技術の指導を行う。拡大読書器（CCTV）は，モニターテレビの下に書物

図2－8　遠用弱視レンズ　図2－9　近用弱視レンズ　図2－10　拡大読書器

を置き，カメラが撮した画像をテレビ画面で見るものである（図2－10）。ア
ンダーラインを表示するものや，画像を白黒反転するものなどの機種がある。
また，パソコンや電子辞書を拡大機能を使って使用したり，タブレット端末の
カメラと拡大の機能を使った活用方法も見られている。こうしたさまざまな視
覚補助具を使用者が自身に合ったものを適切に使えるような支援が望まれてい
る。

引用文献

五十嵐信敬（1971）形体知覚検査の標準化．日本弱視教育研究会，弱視教育，9(5)，
　90-97．

五十嵐信敬（1978）視覚障害児の形態認知．小出進・中野善達，障害児の心理的問
　題，118-134．

伊藤由紀夫（1976）弱視児の視認知の特性について―仮弱視児との比較を中心にし
　て―，視覚障害児教育研究，8，43-59．

稲本正法・小田孝博・岩森広明・小中雅文・大倉滋之・五十嵐信敬（1995）教師と
　親のための弱視レンズガイド，コレール社，115-137．

米田博（2005）視覚障害児の療育．松山郁夫・米田博，障害のある子どもの福祉と
　療育．建帛社，76-96．

香川邦生（2009）視覚障害児童生徒の教育と就学支援．香川邦生，視覚障害教育に
　携わる方のために．慶應義塾大学出版会，70-81．

香川邦生（2009）教育課程と指導法．香川邦生ら，視覚障害教育に携わる方のため

に，慶應義塾大学出版会，82-93，128-131.

香川邦生（2009）自立活動の基本と指導．香川邦生ら，視覚障害教育に携わる方の
　　ために，慶應義塾大学出版会，132-167.

原田政美（1989）眼のはたらきと学習．慶應通信.

柿澤敏文・河内清彦・佐島毅・小林秀之・池谷尚剛（2012）全国小・中学校弱視特
　　別支援学級及び弱視通級指導教室児童生徒の視覚障害原因等の実態とその推移：
　　2010年度全国調査を中心に．日本弱視教育研究会，弱視教育，49(4)，6-17.

落石美菜子・氏間和仁（2015）弱視者における視覚補助具の使用について．日本弱
　　視教育研究会，弱視教育，53(1)，1-9.

清水宏純・鈴木英隆（2016）通常学級におけるタブレット端末の使用について．日
　　本弱視教育研究会，弱視教育，54(1)，1-7.

第2節
聴覚障害

1．聴器の構造

　耳は音を聴くための器官であり，外耳・中耳・内耳に分類される。外耳は耳介と外耳道から成り，その突き当りには鼓膜がある。中耳は鼓室，耳管，乳突洞，乳突蜂巣から成り，鼓室には耳小骨が存在する。鼓室の奥にある内耳は音を聴く蝸牛，平衡を司る三半規管と前庭からなる。蝸牛の有毛細胞には神経線維がシナプス接合し，ラセン神経節，蝸牛神経核などを経て側頭葉にある一次聴覚皮質へ到達する。なお，蝸牛神経以降を後迷路と呼ぶ（図2-11）。

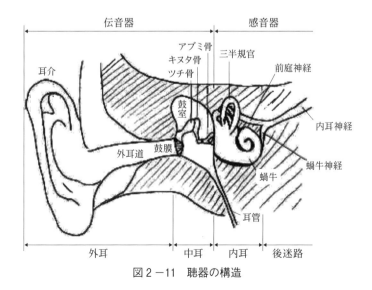

図2-11　聴器の構造

2. 聴覚の生理

　音として認知される空気の振動（音波）は外耳道から鼓膜に伝わる。鼓膜に伝わった音のエネルギーは中耳で増強され，これが振動として内耳に伝わり，有毛細胞で電気信号に変換される。この信号が神経線維から側頭葉にある一次聴覚皮質へ伝えられると，ヒトは「音」を知覚する。言語音の認知には言語野での情報処理が必要となる。

3. 難　聴

　難聴は外耳から聴覚皮質までのいずれかが障害され，「聞こえない」あるいは「聞こえにくい」状態にあることを言い，障害部位（伝音，感音，混合），遺伝の関与（遺伝性，非遺伝性），合併症の有無（症候群性，非症候群性），難聴を発症した時期（先天性，後天性／言語獲得前，言語獲得後），WHOや身体障害者福祉法の基準による重症度（正常，軽度，中等度，準高度，高度，重度／2級，3級，4級，6級）など，いくつかの基準によって分類することができる。

4. 代表的な聴覚検査

　廣田（2015）によると，聴力検査の意義は，① 聴覚の病態や疾患の有無，聴覚障害の程度や種類の診断，② 耳の疾患に対する治療方針の策定，③（リ）ハビリテーション方針の立案，④ 対象者の社会参加支援などとされる。乳幼児の聴力を測定する検査には聴性行動反応聴力検査，視覚強化式聴力検査，条件詮索反応聴力検査，ピープショウテスト，遊戯聴力検査があり月齢によって使い分ける。5歳以上は成人と同じ純音聴力検査を行う。この他にも障害部位の鑑別診断のため，中耳機能，内耳機能，後迷路機能を評価する検査がある。

5．難聴を引き起こす代表的な疾患

　難聴が生じる代表的な疾患を表2－2に示す。補聴器などによって音を大きくすると，伝音難聴では会話に困ることは少なくなるが，感音難聴では改善されないこともあり，読唇や聞こえなかった時の対応方法を含めた指導が必要となる。

表2－2　難聴を引き起こす代表的な疾患

難聴の種類	疾　　患
伝音難聴	耳垢栓塞，外耳道閉鎖症，鼓膜炎，中耳炎（急性，滲出性，慢性，真珠腫性），耳硬化症，中耳奇形，外傷，等
感音難聴	内耳奇形，感染（ムンプスウイルス，麻疹ウイルス，サイトメガロウイルス等），内耳炎，耳毒性薬物（アミノグリコシド系抗菌薬，ループ利尿薬等），突発性難聴，メニエール病，加齢性難聴，騒音性難聴，外傷，等

6．聴覚補償機器

　聴覚補償機器にはいくつかの種類があり，代表的なものとして補聴器と人工内耳が挙げられる。

　補聴器とは，難聴者の聴覚補助を目的として音を大きくする装置である。いくつかのタイプがあり，それぞれに利点と欠点がある。箱型補聴器は本体とイヤホンをコードでつなぎ，音量調整等の操作が容易で使用しやすい反面，目立つ，コードが邪魔，衣擦れの音がうるさいなどの欠点がある。挿耳型補聴器は耳の中に入れて使う小さな補聴器で，目立ちにくいが，操作が難しい，ハウリングしやすい，価格が他と比べると高価なものが多いという特徴がある。耳掛け型補聴器は本体を耳介の後ろに装用する。軽度から重度の難聴まで対応できるが，汗や水で故障しやすい，眼鏡フレームが邪魔になるなどの欠点がある。

　人工内耳とは，蝸牛に電極を埋め込み，蝸牛神経を直接刺激するシステムである。日本耳鼻咽喉科学会の適応基準によると，原則として90dB 以上の難聴児者が対象であり，小児では1歳以上の児に適応される。

7．聴覚障害児の指導

　Yoshinaga-Itano, et al.（1998）は聴覚障害の早期発見と早期療育の開始の重要性を指摘し，これを受けて米国では全新生児聴覚スクリーニングが開始された。日本産婦人科医会の報告（2017）によると，本邦では，2016年時点において全国の産科医療機関の94.3％に検査機器が導入され，新生児の87.6％が聴覚スクリーニング検査を受けているという。スクリーニング検査で聴覚障害が疑われた児は精密検査を受け，聴覚障害診断後に治療と療育が開始される。

　補聴器を使用しない場合，軽度難聴では騒音下や話者が複数の時の会話，内緒話の聞き取りが難しく，中等度難聴では言語発達や発音に支障が生じるようになる。準高度以上では近距離であっても大声でなければ聞き取れず，音声のみでの意思伝達は困難で，重度難聴では言語と発音の自然発達は期待できず，最重度難聴では視覚情報の提示が必須となる。軽度難聴であっても適切な療育を受けていない場合はストレスを感じる者も多く，二次的障害を最小限度に留めるためにも早期発見・早期療育は重要と言える。

⑴ 乳児期（０歳代）

　残存聴力を活かすために補聴器を装用し，聴覚や視覚，触覚，振動覚などさまざまな感覚刺激によって外界への興味が広がるようかかわる。不安を抱える養育者に対し，子供との愛着関係が築けるようにかかわり方について助言したり，将来への見通しを持った医療・療育・行政支援に関する情報を提供したりすることが重要である。

⑵ 幼児期前期（１〜２歳代）

　定期的な聴力検査と補聴器調整を行い，必要に応じて人工内耳の適応について検討する。言語面については，理解語彙が増加し，２語文程度の表出もみられるようになる。日常生活に関連する名詞や動詞，形容詞などを中心に語彙の拡大を図るとともに,動作併用による指示理解や「なに？」「だれ？」「どこ？」

などの疑問詞の理解と使用，定型的な会話への応答が目標となる。遊びや会話を通して他者との交流の楽しさを感じてもらえるようにアプローチする。

⑶ 幼児期中期（3～4歳代）

　この頃になると友達とのかかわりを楽しめるようになる。簡単なルールは理解できるため，ルール遊びなどを利用して同世代とのコミュニケーション能力の向上に努める。語彙が増加し，仮定の理解や「どうして？」などの疑問詞の表出がみられる。聴力の程度によっては発音が不明瞭で，コミュニケーションの相手が限定される場合がある。絵本を利用して言語理解の発達を促す。

⑷ 幼児期後期（5～6歳代）

　多くの人との日常会話が可能となる時期である。ただし，複雑な文法表現や抽象語の理解と表出，物事の概念的理解は聴児と比べて遅れやすいため，意識的に指導して多様な言語表現の理解と表出を目指す。また，話し相手に対して発話内容を確認する方法を身につけ，正確なやり取りができるようにする。就学に向けた文字理解・表出能力の向上のため，そして生活言語の確立のために絵日記指導なども行う。

　幼児期は，特別支援学校（聴覚障害）の教育相談と幼稚部，そして児童発達支援センター，医療機関で指導を受けることができる。就学に際しては通常の学級，難聴特別支援学級，特別支援学校（聴覚障害）のいずれに在籍するかを選択するが，通常の学級に在籍して難聴通級指導教室に通級する場合もある。また，放課後等デイサービスや医療機関でも指導を受けることができるため，養育者へ情報を提供するとともに必要な機関を紹介し，承諾を得て情報共有を図る。

⑸ 学童期（7～12歳代）

　教科学習を着実に進めるために，幼児期後半から導入した読み書きに関する指導を強化する。低学年では音読能力と読解力の向上，具体的事実の書字によ

る表現を身につけることが中心になる。高学年では具体的思考から抽象的思考へ移行する。これがスムーズに進まない場合，学習の躓きの原因となることもあるため，複雑な文法規則や談話の理解，比喩・隠喩・諺の理解，読み書き能力の向上など，多面的に子供の能力を評価し，指導する必要がある。また，言語能力に比べて発音の悪さが目立つ場合は訓練が必要となる。

⑹ 青年期（13〜18歳頃）

　聴児と同様にアイデンティティの確立が課題となり，本人や家族にとってピア・カウンセリングの重要性が増す時期でもある。進路の選択はさまざまであるため，必要な情報を提供し，それらを自分で収集できる能力を身につけさせる。

引用文献

一般社団法人日本耳鼻咽喉科学会（2014）小児人工内耳適応基準　http://www.jibika.or.jp/members/iinkaikara/artificial_inner_ear.html

公益社団法人日本産婦人科医会（2017）新生児聴覚スクリーニング検査に関するアンケート調査報告　https://www.jaog.or.jp/

廣田栄子（2015）聴覚機能検査. 標準言語聴覚障害学　聴覚障害学第2版. 医学書院，75.

Yoshinaga-Itano, Sedey A. L., Coulter D. K., et al. (1998) Language of early-and later-identified children with hearing loss. *Pediatrics*, 102, 1161-1171.

第 3 節
知的障害

1．明治期における知的障害児への教育・福祉

　明治期の日本では，1890年に長野県松本尋常小学校に落第生学級が開設され，知的障害児の特別支援学級にあたる教育が始まった。1900年頃の長野尋常小学校の晩熟生学級では，知的障害児の能力に適した教授内容と進度による指導を行ったところ，知識を習得して成績が向上したと報告されている（中嶋・河合，2016）。明治後期には各師範学校付属小学校に設置された（文部省，1978）。

　1896年に，石井亮一が日本で初めて知的障害児の療育を行う福祉施設である滝乃川学園を設立した。石井は渡米してセガン（Seguin, E.）が考案した知的障害児への生理学的教育法を学び，療育に取り入れた。それは，身体運動の訓練，身体と精神を媒介する機能である感覚の訓練，これらを統合した知性の訓練，道徳の訓練の順に実施し，人間性の育成を図るものであった（中川，2001）。

2．知的障害の概念と分類

　アメリカ知的発達障害学会（2010）や文部科学省（2002）は，知的障害について「知的機能に制約があり，知能指数が70以下である」，「適応行動に制約を伴う」，「これらの状態が発達期（18歳まで）に現れる」の３つを満たす状態としている。また，抽象的な思考能力・学習する能力や新しい環境に適用する能力である知能を測定して算出された精神年齢と生活年齢との比率や同年齢集団内での位置を表す知能指数（IQ）から，知的障害を，軽度（IQ50〜70），中等

度（IQ35～50），重度（IQ20～35），最重度（IQ20未満）に分類している。

　知的障害を，生理的要因，病理的要因，心理社会的要因に分ける見方もある（内田，2003）。生理的要因は知的障害の大部分を占め，多くは合併症がなく健康状態が良好であるが，知能低下をきたす疾患がないのに遺伝子の組み合わせによって軽度の知的障害となる。病理的要因とは，染色体異常であるダウン症候群，性染色体異常等の遺伝子疾患，フェニールケトン尿症等の先天性代謝異常，出産時の酸素不足や脳の圧迫等により知的障害となった場合である。脳性麻痺やてんかん等の脳の器質障害や心臓疾患等の内部障害を合併していることもあるため，多くは健康に問題があり，知的障害の程度が重い。心理社会的要因とは，幼少期における養育者による虐待や極端な会話の不足等，学習経験や文化的刺激が乏しい社会環境の劣悪さによって引き起こされるものである。

3．知的障害の状態

　知的障害には全体的な発達の遅れにより，乳幼児期には模倣行動や言葉の遅れ，運動や動作の不器用さ，他児との交流の困難さ，食事・着脱・排泄等の日常生活習慣の自立の遅れがみられる。学齢期には，記憶力や判断力が低いためにルールが複雑なゲーム等への参加，読み書きや計算等の知的行動の習得に困難さがある。普通学級の場合，授業についていけない等のストレスによって情緒障害（二次障害）を起こしやすい。成年期では，預金や高額な契約等の金銭管理が困難なだけでなく，判断を誤ったりだまされたりすることが問題となる。

　成人期における障害程度ごとの状態は次の通りである。

　軽度知的障害の場合，抽象的な捉え方・道徳的判断が苦手だが，日常生活に差し支えない自立性の獲得は可能である。成人期になったら学業の成績が悪くても，仕事をする実務能力を有する場合がある。なお，本人や周囲も知的障害に気づかずに社会生活を営んでいることもある。

　中等度知的障害の場合，抽象的な概念形成に困難さがあり，判断能力も乏しく，複雑な労働への適応は難しいが，単純な繰り返し労働作業は可能であった

り，社会的交流や単純な会話を楽しめたりする場合がある。自立生活を送ることが困難で，普段の生活において支援が必要である。

　重度知的障害の場合，言語能力が極めて限定されているが基本的な欲求を伝えたり単純な指示を理解したりすることが可能になり，十分な援助があれば単純な労働ができるようになる。食事や身支度などの日常生活行為全般にわたって支援を要する。

　最重度知的障害の多くには言語がない。言葉や指示の理解が困難で，常に日常生活への援助が求められる。多くにてんかん等の器質的病因が併存するため，生命の維持すら困難な場合がある。知的障害が重いと福祉施設等での保護が必要で，親亡き後の一生にわたる生活への支援のあり方が問われている（楠，2016）。

4．知的障害の知覚・記憶・認知・言語における問題

　知的障害児の視機能異常の発生率は健常児よりも高い（Evenhuis, 1995）。また，知的障害があると視覚と運動の協応や知覚弁別機能の障害によって，手先が不器用で巧緻性が低く，視覚的認知課題の遂行に困難さがみられる。

　知的障害における視知覚の問題とは，脳が形成する像の問題である（北嶋・志垣，2014）。視覚・聴覚・触覚・味覚・嗅覚の五感覚器官を使った対象の像を描く過程や運動器官の働きが十分でないため，全身を使った対象とのかかわりが充分にできない。認知・言語等の知的能力，他者との意思のやりとり，日常生活・社会生活，仕事，余暇利用等の適応能力が同年齢児の水準に達していないため，外界を認識したうえでの適切な対応の判断や意思決定の遂行に困難さがある。

　知的障害により注意や知覚，記憶力に弱さがあり，比較して推理や判断をしたり，抽象性の高い課題の解決をしたりするのが難しい。また，短期記憶力が低いため，多くの新情報を受け入れることが困難になる。記憶は思考や言語に関連するため，記憶活動における刺激の言語化，言語化された情報を運用する

自発性，自発的な言語活動に困難さがある。思考は情報を加工して整理して作られるため，情報処理して使用する思考が十分にできず，思考速度が遅くなる。また，課題遂行に必要な情報を保持しながら，同時に処理を行う日常生活に不可欠な機能であるワーキングメモリに脆弱さがみられる（Baddeley, 2012）。

　知的障害があっても身体的・感情的発達は遅いわけではない。受けた印象を形にする能力は段階的発達を示す。具体的事象や出来事等の記憶は，言葉が介在しなくても，経験に比例して豊かな観念の世界が形成される。このため，記憶の速度が健常者よりも遅く，抽象化や一般化に障害があっても言語理解や言語表出能力が発達し，徐々に周囲を理解できるようになってくる。

5．知的障害の運動の特性

　知的障害児は動作課題学習に時間を要し，運動技能の未獲得・未熟さ・動作の遅さが目立つため不器用さがある。知的発達の遅れと運動経験の少なさから運動スキルの未習得がある（Davis & Van Emmerik, 1995）。

　運動を中心とする自由遊びの場においては，知的障害が重度であっても興味や関心のある遊びに活発に取り組む（松山・中島, 2017）。しかし，学校等における運動課題の場面では，運動のルールが理解できなかったり，意欲を持てなかったりするため運動が困難とみられる。運動への支援が遅れると失敗体験が多くなり，消極的態度や自己肯定感の低下を形成する。周囲が運動の困難さを理解できないだけでなく，いじめやからかいを受けてストレスになる場合もあるため，生活全般に影響が及ぶことになる。このため，さりげなくきっかけを与え，皆の輪に徐々にならしたり興味のあることを一緒に見つけたり，積極的に誘ったりして，他児と接する機会を増やす働きかけが重要になる（松山, 2019）。

　知的障害がある場合，運動機会が少ないことが身体能力の低下に繋がる。したがって，知的障害児の運動発達を支援するためには楽しさ・達成感が不可欠で，縄跳びのような全身の協調運動や身体動作の調整を要する運動動作，平均

台を渡るようなバランス感覚を要する動作への支援を行う必要がある。適切な感覚刺激を与えて心身の安定を図ること，生活を充実させる筋力を使った運動能力や体力を高めることで，身体的・心理的・社会的側面の改善が図られる。以上のことからも，健康を重視したフィットネス向上の視点から，身体的側面，体力・運動能力の発達に応じた生活・運動プログラムによる指導が望まれる。

6．知的障害児のメンタルヘルス

　知的障害があるとメンタルヘルスの問題を生起しやすくなる。要求・指示を十分に理解できないことが不安や劣等感，過剰な背伸びや萎縮に繋がり，うつ病やひきこもり等の二次障害を引き起こしやすくなる。知的障害の重症度ごとの精神科への疾患罹患率は，統合失調等を含む精神病性障害が軽度知的障害に5.8％，中等度から重度の知的障害に3.5％（Cooper et al., 2007）と報告されている。軽度知的障害の場合，よりストレスのある生活にさらされやすいことを念頭に置いて支援する必要がある。

　知的障害児の発達特性は診断名が同じでも実態は異なり，多様な支援ニーズがあるため多面的評価（アセスメント）によって特性を把握する必要がある（猪又ら，2015）。また，受容的態度や共感的態度で接しながら，長所や興味等の強みを伸ばし，受容的態度で毎回の授業・療育・面接を終結して，悪影響を引きずらせないような工夫をすべきである。さらに，個別対応の過程を職員間でオープンにして支援者同士の諸記録を公開し，カンファレンスを継続しながら，チームアプローチの効果を客観的にフィードバックすることが求められる。

　知的障害児の問題行動への対応は行動ではなく行動の動機に焦点を移し，日常の言動に対して丁寧な接触を重ねることが効果的とされている（中村，1991）。繰り返される状況（癖）に対しては，カウンセリングだけで改善するのは困難である。盗癖には金銭・私物・行動のマネジメント，拒食症状には効果を観察しながら対応方針を変更する。また，生活療法・環境療法（菅，1974）によって環境を調整すると情緒の障害が改善される（井田，1985）。

　情緒の安定には，困っていることに耳を傾け，以前から楽しんでいた活動への参加を勧めていく。また，判断力等を正確に評価して，本人の生命の安全と精神的安定が守られる状況で本人の意志を尊重する必要がある。

7．知的障害の状態の把握

　知的障害の状態を捉えるためには，知的障害の程度，家庭・施設・学校・社会生活での配慮や支援の状況を検討する。その際，日常生活習慣の自立の程度，社会生活能力，粗大運動・微細運動・目と手の協応等の運動機能の状況，言語理解や言語表出等の知的機能，学力，生育歴，家庭環境を調査する。

　知的機能を把握するには知能検査や発達検査を使う。その際，検査者が被検査児との信頼関係を作り，検査環境を整えるようにする。検査項目ごとに被検査児の反応からできることを判断しながら進めていく。検査時の行動観察，および保護者等に尋ねたり記録様式に記入してもらったりしながら評価していく。

　幼児期や児童期においては知能指数の変動の幅が大きい場合がある。心理的社会的環境条件の影響もあるため，検査結果については生活環境や教育環境等，他の障害も有する場合は，障害特性を考慮しながら解釈する必要がある。例えば，知的障害に自閉症を併せ持っている場合，応答が断片的であったり部分的であったりするため，言語性知能検査では潜在能力よりも低くでる可能性がある。知能指数が70か75以下の場合，平均水準に達していないと考えられるが検査の誤差の範囲，被検査児の心身の状態，検査者と被検査児との信頼関係を考慮して知的障害かどうかを判断しなければならない。

　適応行動の困難さについては，コミュニケーション能力，日常生活能力，社会生活能力，社会適応能力等を，行動観察や家庭生活における調査から把握することが求められる。その際，自由遊びの様子，他児と遊ぶ様子，身辺処理能力等に関する行動観察や生活調査を行う。

　生活能力検査の結果については，社会性年齢（Social Age：SA）・社会性指数（Social Quotient：SQ）で表される。その際，社会性年齢や社会性指数，

精神年齢や知能指数，発達年齢や発達指数等も含めて検討し，発達の遅れや環境要因の影響を明らかにする必要がある。

　視覚障害，聴覚障害，肢体不自由，病弱，言語障害，情緒障害等の障害を併せ持つ場合，日常生活や社会生活における適応行動の困難さが増加するため，その状態も考慮しながら検査結果等を解釈しなければならない。

　以上のように，知的障害の判断は，知的機能や適応行動に関する諸検査等に基づき総合的に行う。しかし，検査・調査・観察等による資料は，対象児の実態のすべてを表しているのではなく，ある時点のある条件下の状態をいくつかの視点から捉えた実態の一部である。したがって，検査等で把握できていなかったり，検査等の諸条件で状態が変わったりするため，総合的判断が必要になる。

　評価（アセスメント）とは限られた側面に関するものであり，発達領域全体の情報ではない。対象者の年齢，生活環境，周囲の働きかけを踏まえながら，評価の結果を考察して発達の全体像を描くことが大切である（小池，2001）。そのため，知能指数や発達指数，他の知的機能・社会適応能力の調査，重複障害の有無，適応行動の困難の程度，施設や学校での配慮や支援との関連，障害程度・教育的対応の必要性を総合的に解釈し，状態を判断することが重要になる。

8．知的障害児への支援

　知的障害児には，わかりやすい言葉で簡潔にはっきりと繰り返しながら伝える，具体物を見せながら話しかける等の配慮がいる。また，記憶力を高めるには日常生活に基づく指導，多様な生活経験が必要である。特に，得意な活動・慣れている活動，興味関心のある活動は，意欲的に生活することにつながる。

　体験しながら手順を覚えるような作業学習を重視し，スモールステップで教えるだけでなく，成功して終わる成功体験を積み重ねる必要がある。また，学習は他者の行動を観察することによっても成立する（Bandura, 1971）。このため，観察学習や模倣学習が十分にできるように，他児と一緒に活動する集団学

習のなかで，社会性の発達を促すことが求められる。

　知的障害が重度で発話がない場合，他者と共有する共同注意や共同動作等コミュニケーション行動の様子を評価し，大人との相互交渉を促す働きかけ，観察学習や模倣学習，遊びを通して象徴的行動を促す。また，例えば，卵を割ってボウルに入れたり，牛乳を注いだりするホットケーキを作る具体的な場面に応じた話をする等，文脈や場面に応じた働きかけは，言語の意味理解に有効である。さらに，支援者が対象児の発達段階に応じたコミュニケーションをとれるようになれば，対象児の自発的コミュニケーションが活発になってくる。

9．知的障害児教育の進路指導

　特別支援学校の各教科では，自立・社会参加に要する知識・技能・態度を身につけることを目的として，障害状態・学習上の特性を踏まえた目標・内容による取り組みが行われている。進路指導では，本人が生き方を考えてその実現を目指して進路を判断する力，社会の変化に対応できる能力を育成することを目指した小学部からの取り組みが重視されている。中学部では，心身の発達が顕著な時期で生き方への関心が高まるため，自分を見つめながら自分と社会とのかかわりを考え，さまざまな生き方があることを理解する指導，高等部では，自我が確立してくるため，生き方を模索する，自己を理解しながら社会とのかかわりや生き方・進路を選択する等，自己実現を目指した指導が不可欠である。

　知的障害者更生相談所では，18歳以上の知的障害者への医学的・心理学的・職能的判定，各種専門的相談・指導を実施している。地域障害者職業センターでは，専門的な職業リハビリテーションサービス・職業評価・指導，事業主への障害者雇用管理の相談・援助，関係機関に対する助言・援助がなされている。

　現在，知的障害者の経済的自立に向けて，B型における非雇用形態の工賃の引き上げ，民間企業の技術等の活用，企業OBによる経営改善，農業等の専門職による指導，商品開発・市場開拓等に関する企業との協力等が課題となっている。

10. 知的障害者の学校卒業後の支援のあり方

　地域移行により入所施設よりも人間らしい生活ができるとの主張がなされている。家庭から通うことができる状況にあるならば通所施設を利用できるが，入所施設が必要な状況になった場合，いつでも入所できる施設整備がなされれば，安心して在宅を続けられる。このため，多くの家族は入所施設の充実や拡充を求めている。知的障害がある場合，ライフサイクルのどの段階においても福祉援助が必要不可欠であるが，障害の重度重複化が進んでいるため，入所型の福祉施設が果たす役割は拡大している。

　重度・最重度の知的障害がある場合，成人期になっても知能は乳児や幼児程度であるため，完全な保護・介護・育成が不可欠である。知的障害者の施設生活における心理的問題として，集団生活における管理化・スケジュール化された生活意識の固着化，集団生活を行うことに伴う不適応状態の増加や個人間の感情の乱調等によるトラブルが報告されている（楠，1994）。そのため，入所施設では，入所者の生存・安心・安全・豊かな人生・生活を守るための配慮が求められる。また，一部の福祉施設で利用者への虐待があったため，「障害者虐待の防止，障害者の養護者に対する支援等に関する法律」（障害者虐待防止法）の改正だけでなく，福祉の現場における虐待予防の整備を急ぐ必要がある。

　機能していない家族の代わりをする福祉施設の職員には，家族との信頼関係の構築と他機関との連携に努めることが求められる（高原，1998）。また，家族が，障害をどのように理解して受容しているのかを捉えておかなければならない（久保，1982）。今後，就労・進学・進路等の本人の悩みだけでなく，親の悩みを捉え，知的障害児者と家族への生涯にわたる支援の充実を図ることが福祉や教育の課題である。

引用文献

American Association on Intellectual and Developmental Disabilities (2010) *Intellectual disability: definition, classification, and systems of sup-*

ports, 11th ed.

Baddeley,A.（2012）Working memory: Theories, models, and controversies. *Annual Review of Psychology,* 63, 1-29.

Bandura,A.（1971）*Psychological modeling: conflicting theories. Aldine Transaction.* 112-127.

Cooper,S.,Smiley,E.,Morrison,J.,Williamson,A.,Allan,L.（2007）Mental ill-health in adults with intellectual disabilities: prevalence and associated factors, *The British Journal of Psychiatry,* 190(1), 27-35.

Davis,W.E.,Van Emmerik,R.E.A.（1995）An ecological task analysis approach for understanding motor development in mental retardation: Research questions and strategies. In A. Vermeer and W.E. Davis（Eds.）, *Physical and motor development in persons with mental retardation.* Basel: Karger, 1-32.

Evenhuis, H.（1995）Medical aspects of ageing in a population with intellectual disability: I. Visual impairment. *Journal of Intellectual Disability Research,* 39, 19-25.

井田範美（1985）施設における指導．知能障害児の指導，明治図書．

猪又聡美・橋本創一・堂山亞希他（2015）アセスメントバッテリーからみた知的障害児童の発達特性プロフィール分析．発達障害研究，37(2)，153-159.

北嶋淳・志垣司（2014）障害児教育の方法論を問う．現代社白鳳選書．

小池敏英（2001）知的障害のアセスメント．知的障害の心理学，北大路書房，13-22.

久保紘章（1982）障害児をもつ家族に関する研究と文献について．ソーシャルワーク研究，8(1)，49-54.

楠峰光（1994）精神薄弱者の分裂病様反応について．社会福祉法人玄洋会研修要録，43-46.

楠峰光（2016）理念優先の国．玄洋会便り，129，1.

松山郁夫・中島範子（2017）重度知的障害のある幼児の表象能力と自由遊びの関連．九州生活福祉支援研究会研究論文集，10(2)，45-53.

松山郁夫（2019）重度知的障害児の適応行動に着目したトレーナーの支援．佐賀大学教育学部研究論文集，3(1)，95-102.

文部省（1978）特殊教育百年史．東洋館出版社，139-140.

文部科学省特別支援教育課（2002）就学指導資料．

中川一彦（2001）石井亮一の体育観に関する一考察．筑波大学体育科学系紀要，24，131-137.

中嶋忍・河合康（2016）教育雑誌「信濃教育」における長野尋常小学校の特別学級実践報告に関する史的研究．上越教育大学特別支援教育実践センター紀要，

22, 35-40.

中村健二（1991）青年期に思う．発達の遅れと教育，401，44-45.

菅修（1974）生活療法：治療教育学，65-94.

高原朗子（1988）精神発達遅滞者のライフサイクルにおける福祉施設の意義．長崎
　大学教育学部教育科学研究報告，54，87-96.

内田芳夫（2003）知的障害．発達障害児の病理と心理，培風館，73-87.

第４節
肢体不自由

１．肢体不自由の概念

⑴ 肢体不自由の定義

　肢体不自由とは上肢や下肢，体幹の運動障害を意味し，高木憲次（1888〜1963）が運動障害に代わる用語として使い始めた。文部科学省は肢体不自由を「身体の動きに関する器官が，病気やけがで損なわれ，歩行や筆記などの日常生活動作（Activities of Daily Living：ADL）が困難な状態」と定義している。原因疾患が多様で状態像も異なるため，一人ひとりのニーズを理解する必要がある。そのため，肢体不自由児は，通常学級，通級による指導，特別支援学級，特別支援学校と個々のニーズに沿う形で教育を受ける（表２−３）。なかには，特別支援学校を卒業後，通常高校や大学等に進学する生徒もいる。

表２−３　肢体不自由の児童生徒の在籍数（H29年度）

	特別支援学校	特別支援学級	通常学級に在籍し通級指導を利用
幼児	102	−	−
小学生	13,578	3,418	100（28/343）
中学生	8,381	1,090	24（5/152）
高校生	9,752	−	−

注）カッコ内は，新１学年の通級指導を受ける数／通常学級に在籍する数。
（出所）文部科学省（2018）を基に作成

⑵ 肢体不自由の原因疾患

　肢体不自由の原因疾患は，医学的には ① 中枢神経系疾患（脳性麻痺，二分脊椎等），② 末梢神経系疾患（神経麻痺等），③ 筋系疾患（筋ジストロフィー等），④ 骨・関節系疾患（骨形成不全症等）に大別される。重度の知的障害を合併する場合もあり，合併している状態を重複障害（重症心身障害）という。

　代表的な疾患である脳性麻痺（Cerebral Palsy）は，「新生児期までに生じる脳の非進行性の病変をもち，永続的かつ変化しうる運動と姿勢の障害」を特徴とする。原始反射が残ったまま発達しやすく姿勢保持や運動学習を難しくする。その結果，日常生活動作の獲得に困難が生じる。

　二分脊椎（Spina Bifida）は，脊椎の形成不全により脊髄に影響が生じ，下肢，および膀胱・直腸の麻痺が生じる疾患である。外科手術による介入の他，歩行や排泄に関する対応を必要とする。現在厚生労働省は二分脊椎の生じるリスクを下げるため，妊娠中の葉酸摂取（400μg/ 日）を推奨している（近藤ら，2018）。

　筋ジストロフィー（Muscular dystrophy）は遺伝性の筋原性変性疾患で，筋萎縮と筋力低下を主な症状とする。成長に伴い症状が進行し，坐位・歩行や呼吸が困難になり，脊柱や脚の関節等の変形が生じる。一般的にリハビリテーションや装具を用いながら自力歩行の延長がはかられる（沖，2015）。

2．肢体不自由のある子供の理解

⑴ 上肢と下肢の麻痺

　脳性麻痺等四肢の麻痺は，病変によって麻痺が生じる身体分布が異なる（図 2 −12）。通常，健常肢の活用やポジショニングの訓練，麻痺肢の残存機能を維持・拡張するリハビリテーション，関節の拘縮予防や褥瘡予防のケア，車いす等の移動手段の獲得，残存機能を利用した機械操作等の教育が行われる。

名称	四肢麻痺	両麻痺	片麻痺	対麻痺	単麻痺
分布	上・下肢体幹	下肢優位	一側の上・下肢	両下肢	一肢
区分	中枢性			脊髄性	末梢性
主な疾患例	脳性麻痺			二分脊椎・事故	末梢神経障害

図2-12   麻痺の身体分布

(出所)   筆者作成

(2) パーソナリティ

　かつてはアルフレッド・アドラー（Adler, A., 1870～1937）の器官劣等感理論から劣等感を持ちやすく依存的と考えられた。現在では，肢体不自由特有のパーソナリティではなく，基本的欲求が充足されない時に誰しもが持ちうる傾

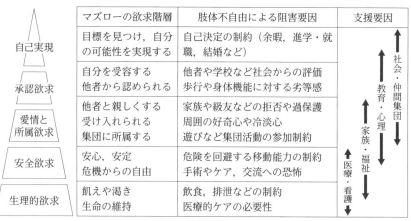

図2-13   マズローの欲求階層と肢体不自由の関係

(出所)   筆者作成

向と考えられている（鈴木，2010）。子供の欲求や発達課題を満たすよう支援することで，劣等感や依存，不安を減じ，子供本来の性格が適応的に発展すると考えられる。ここではアブラハム・マズロー（Maslow, A, H., 1908〜1970）の自己実現理論に基づき，肢体不自由による阻害要因と支援要因をまとめた（図2−13）。

(3) 認知・行動の特徴

　肢体不自由児に共通してみられる認知・行動の特徴をまとめた（表2−4）。肢体不自由がある場合，運動障害による行動範囲・生活体験の機会減少によって，コミュニケーションや生活スキルなど社会性の発達の遅れが生じやすい。

　脳損傷の疾患では，知的障害や言語発達，記憶などの問題が生じやすい。平均的な知的・言語発達水準でも，筆記技能に関する構成能力や運動速度が落ち込む。特に脳性麻痺では視知覚の問題も見られ，文字の学習や操作，読み書き全般に影響する。従って，結果的に学習の困難や学業不振を示すことが多い。

表2−4　肢体不自由児の認知面・行動面の特徴

主な障害・疾患の例	特　徴	日常生活や学校での様子
肢体不自由児全般	社会性の発達	わかりにくい他者への働きかけ 他者からの働きかけへの反応の乏しさ 経験不足による生活スキルの未獲得
脳性麻痺 筋ジストロフィーの一部 外傷性脳損傷	知的障害 運動性の低下 高次脳機能障害	言語発達やコミュニケーションの遅れ 筆記技能の問題による学習困難 損傷部位に応じた機能障害
脳性麻痺	視知覚の問題 ●図と地の弁別 ●視線の固着 注意の問題	服などを左右逆に着る 音読が苦手，文字や行をとばす 書字が苦手，鏡映文字・逆転文字など 不注意，集中時間の短さ
先天的運動障害 後天的・中途運動障害	ボディシェマ ●動作の不自由 ●目と手の協応 ボディイメージ	身体の大きさ・距離などがわからない 人や机などに身体をよくぶつける 自分の身体への否定的感情 他人から映る自己像の否定的な想像

（出所）　小畑（2008）・鈴木（2010）を基に作成

また先天性の運動障害の場合，ボディシェマ（body schema：身体図式）の発達が遅れやすい。自分の身体に対する意識が少なく，距離感覚がつかみにくい。一方，中途に運動障害になった場合，障害後の自分の身体に関する感情や意識（body image：ボディイメージ）を否定的にとらえる等，心理的問題を示しやすい（小畑，2008）。

3．肢体不自由の教育的支援

肢体不自由児の実態像は多様である。そのため，障害の状態や身体の成長，日常生活等を踏まえながら身体機能の訓練や自立活動，教科の指導が行われる。ここでは詳細は避け，肢体不自由教育に関する基本的観点を紹介する。

⑴ 生活体験機会の保障

肢体不自由児は性質上，生活体験が乏しくなりやすいため，社会性や興味関心を発達させる遊びの指導や生活単元学習など直接的な生活体験の機会が重要である。残存機能のリハビリテーションや ADL の獲得を目標とした自立活動と上手に組み合わせる必要がある。今日ではインターネットやテレビ会議システム等を通じて，教室にいながら間接的に生活体験できる機会も増えている。

⑵ 表出支援としての拡大代替コミュニケーション

ADL の獲得や経済的自立から QOL を重視した自立観に変化したことを契

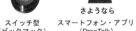

図2－14　拡大代替コミュニケーション（AAC）の支援例

機に，障害児者の意思を尊重するコミュニケーション支援技術が発展した（中邑，2001）。肢体不自由では，麻痺によって発話や筆記など表出の困難を示す場合が多いため，拡大代替コミュニケーション（Augmentative & Alternative Communication：AAC）が活用されている（図 2 −14）。肢体不自由児の実態に合わせて，AAC を用いたコミュニケーションや学習等に効果的に取り組むことが重要である。

⑶　自己理解と自己決定を育む環境

　障害者差別解消法により合理的配慮の提供が進む中，障害者自身がニーズを伝える場面も増えている。特に知的障害を伴わない場合，思春期・青年期では，自分に必要な支援について自己理解を深め，支援方法について選択する機会が求められる（日高，2017）。主体的な自己決定を促す環境は，肢体不自由児者のQOL を高め，地域社会で生活する選択肢（渡辺，2013）を増やすと考えられる。

引用文献

日高茂暢（2017）肢体不自由のある大学生に対する合理的配慮事例に関するテキストマイニングを用いた分析．作新学院大学・作新学院大学女子短期大学教職実践センター紀要，⑷，67-76.

近藤厚生・師田信人・岡井いくよ・山本憲朗・近藤厚哉・渡邉智之（2018）神経管閉鎖障害：葉酸摂取による予防．*Vitamins.* 92⑴，1-17.

文部科学省（2018）特別支援教育資料．

中邑賢龍（2001）コミュニケーションエイドの効用と限界．失語症研究，21⑶，28-34.

小畑文也（2008）運動・健康障害．長崎勤・前田久男編，障害理解のための心理学，明石書店，275-283.

沖高司（2015）筋ジストロフィー．篠田達明監，沖高司・岡川俊郎・土橋圭子編，肢体不自由児の医療・療育・教育第 3 版，金芳堂，45-53.

鈴木保巳（2010）肢体不自由．井澤信三・小島道生編，障害児心理入門，ミネルヴァ書房，62-79.

渡辺一史（2013）こんな夜更けにバナナかよ筋ジス・鹿野靖明とボランティアたち，文藝春秋．

第5節
病弱・身体虚弱

1．病弱・身体虚弱教育の現状

　文部科学省の教育支援資料（2013）によると「病弱とは心身の病気のため弱っている状態を表している。また，身体虚弱とは病気ではないが身体が不調な状態が続く，病気にかかりやすいといった状態を表している」とある。また，学校教育法施行令第22条 の3において，病弱・身体虚弱者（以下病弱者）は「一　慢性の呼吸器疾患，腎臓疾患および神経疾患，悪性新生物その他の疾患の状態が継続して医療又は生活規制を必要とする程度のもの　二　身体虚弱の状態が継続して生活規制を必要とする程度のもの」とされている。病弱教育の対象となるのは，一過性の数日で治癒する病気ではなく，病気や身体虚弱の状態が一定期間続き，日常生活や通常の活動が制限されている子供たちであるといえる。

　日下（2015）は病弱の特別支援学校や特別支援学級に在籍している児童生徒数を全国病類調査に補正を加え報告している。その報告では在籍者数の多い順に，心身症などの行動障害，重度・重複障害，筋ジストロフィーなどの神経系疾患，腫瘍などの新生物，二分脊椎などの先天性疾患，リウマチ性心疾患など循環器系の疾患，喘息など呼吸器系の疾患，腎炎などの腎臓疾患となっている。丹羽（2017）は病弱教育の対象児について，現在はうつ病等の精神疾患の子供や心身症の子供の増加，小児がんのための長期間の医療や生活管理を必要とする子供の増加，医療機器を装着して学校に通学する子供の増加などが目立つようになっていると述べている。さらに病弱の特別支援学校に在籍する心身症や

うつ病等の診断を受けた子供の多くが発達障害の診断を受けていると報告している。以上より，病弱者の教育の場には，① 疾患を抱え生活管理やセルフケア等が必要なケース，② 筋ジストロフィーや重度・重複障害等の身体的な動きにも難しさを抱えるケース，③ 精神疾患や心身症，発達障害など心理面での支援が必要なケース，④ 小児がん等治療が長期にわたるケース，⑤ 医療的ケアを必要とするケースなどさまざまな子供たちが在籍しているといえる。

　病弱者の教育の場は，病院に隣接あるいは併設していることが多い特別支援学校，病院の中にある特別支援学校の分室や特別支援学級である院内学級，通常の学校に設置されている特別支援学級や通級指導教室などがある。しかし，慢性的な病気を抱えている子供の多くは通常の学級に在籍しており，入院中は病院内の学級に在籍していた子供たちも退院後は自分が今まで通学していた地域の通常の学級に戻っていくことが多い。病弱者への支援については，特別支援学校・学級の教員のみならず通常学校の教員も理解しておく必要があり，子供の特性や状態に合わせた指導や支援の内容を多面的に考えていくことが大切である。

2．病弱者の発達的・心理的特徴

(1) 学習面について

　幼少期より病気を抱えている子供は外出を制限されていることがあり，対人的なかかわりや自然への直接的な体験ができにくくなる。このような体験の不足が知識や概念の獲得等に影響を及ぼしていくことが考えられる。さらに，小学校入学後学習指導要領に沿った系統的な学習が始まると，入院や治療により学習できない時間が生じ，中間段階に未学習や未定着の領域である学習空白が生じてしまう。学習空白によりその後の学習につまずきやすくなり，通常の学校の授業についていくことが難しくなることもある。

⑵ 対人面について

　外出制限や運動制限は人とかかわることの体験を減少させてしまう。子供は同年齢の子との遊びの中で，人との付き合い方や自分の気持ちや行動のコントロールの仕方，社会的ルールを学んでいくが，生活規制があればそれを学ぶはずの機会自体が不足してしまう。さらに児童期以降は，入院や治療のために友達と過ごす時間が少なくなっていくこともあり，友達関係の維持が難しくなることがある。

⑶ 心理面について

　小柳（2012）は，慢性疾患によって行動障害（クラブ活動に参加できない，登校できないなど）が持続すると，やりたいことができなくなるため自分の存在意義を見失い，徐々に自信を失ってしまったり，周囲と交わって活動すること自体が不安になってしまったりすると述べている。また，「どうして自分ばかり」という怒りや「自分が悪いからこんな罰を受ける」という自責感，「病気を持つ自分は周囲よりも劣っている」という劣等感を抱えながら子供は日々生活していると指摘している。また，谷口（2004）は「入院」という生活環境の変化によって喚起される不安に焦点を当て，入院児の不安が「将来への不安」「孤独感」「治療恐怖」「入院生活不適応感」「取り残される焦り」の５つの不安から構成されていることを明らかにした。さらに八島・大庭・野口（2019）は青年初期の病弱児において学業と友人コンピテンス感得点が通常学級に在籍する子供より低いこと，病弱群の自尊感情得点は小学生よりも中学生の方が低く，自尊感情が学校段階の移行に伴い低下することを示した。病気になるということは，健康な体，当たり前の日常生活，将来の展望などに関して多くの喪失を体験する。また，病気の状態が安定しないと，将来に対する漠然とした不安は大きくなり，不安定さは長期間続くこととなる。さらに他の子と同じことができないという体験は，自己肯定感や自尊感情の低下へとつながっていく。

　病気というと身体面の医療的措置の対応を考えがちであるが，子供の年齢，

おかれている状況，病気の状態等を考慮しながら，子供ひとりずつに合わせた教育・心理的な対応や支援を考えていく必要がある。

3．病弱者への教育的支援

⑴ 病弱者への支援

　病弱者は入院や治療の影響で学習空白が生じていることがあり，教師は，学習のつまずきがどこにあるかを見極めていくことが大切である。闘病中は十分な学習の時間を確保すること自体が難しく，効率よく学習するために内容を精選していくことも必要である。また，頑張りすぎて症状を悪化させる子供もいるため，教師側が心理面も配慮しながら学習の計画を立てる必要がある。1994（平成6）年に文部省からの「病気療養児の教育について」（通知）の病気療養児の教育の意義では，学力を補完する以外に⑴積極性・自主性・社会性の涵養，⑵心理的安定の寄与，⑶病気に対する自己管理力，⑷治療上の効果の4つをあげている。入院でつらい治療が続く中で，学校は，自分の子供としての存在を確認できる場所，今までの日常とつながっている場所，治療と距離のある場所として大きな意味をもつ。学習を進めるということだけではなく，子供が置かれている今の状況に目を向け，子供にとって必要なことを見極めながら支援を考えていくことが必要である。

⑵ クラスの子供たちへの支援

　クラスの子供たちが病気について理解をすることが，病弱者が学校生活を送るうえで助けになることがある。病弱者は学校内でも服薬や自己注射などが必要になる場合や治療のために外見が変化しているような場合もある。子供たちがその理由を理解していないと，仲間から外されたり，偏見をもたれたりすることにもなりかねない。青年期においては病気を知られたくない場合もあるが，本人や保護者の了解を得たうえで，子供の病気や対応などをクラスの子供たち

に理解できる言葉で説明することが大切である。また，入院中もクラスの仲間
との関係を絶やさないように教師が工夫していくことで，退院後学級へ復帰す
る際にスムーズに適応できることもある。

4．病弱者支援の留意点

⑴　病気について正しい知識を得ること

　医療の進歩は目覚ましく，疾患に対する治療法は日々変化しており，病気に
関する最新の知識を得ることが必要である。体調悪化の兆候，体調不良時の対
応，緊急時の対応について知識を得ることが子供の命を守ることにつながる。

⑵　病気のみにとらわれず，その子自身を理解しようとすること

　病弱教育の対象は多様であり，子供の抱える課題は同じではない。病気を理
解することだけでなく，病弱児が育ってきた環境や過程，現在抱えている課題
など，子供自身を理解しようとする姿勢が必要である。病気を受け入れること
は簡単なことではない。揺れる気持ちやうまくいかない気持ちを受け止めなが
ら長いスパンで支援を考えていく必要がある。

⑶　協力体制を作っていくこと

　病弱児を支援する時には，さまざまな人との協力体制が必須である。保護者
が病気をどのように理解しているか，学校の対応としてどのようなことを望ん
でいるのかについて保護者と十分に対話をすることが必要である。また，医療
関係者との協力も必要である。主治医と連携をとり，過剰な制限をして子供の
発達を阻害することがないよう配慮することも大切である。さらに，学校内で
の協力も不可欠である。養護教諭，特別支援教育コーディネーター，スクール
カウンセラー等と協力体制を構築していくこと，全教職員が病気の子供への緊
急時の対応について学んでおくことが必要である。

引用文献

小柳憲司（2012）1. 慢性疾患が子どもの心に及ぼす影響とその対応．小児科臨床，65(4)，547-552.

日下奈緒美（2015）平成25年度全国病類調査にみる病弱教育の現状と課題．国立特別支援教育総合研究所研究紀要，42，13-25.

文部科学省（2013）教育支援資料～障害のある子供の就学手続と早期からの一貫した支援の充実～．第3編5病弱.

文部省（1994）病気療養児の教育について（通知）．文初特294号.

丹羽登（2017）小児医療の進歩に伴う病弱教育の変化と課題．教育学論究，9(2)，191-197.

谷口明子（2004）入院児の不安の構造と類型：病弱養護学校児童・生徒を対象として．特殊教育学研究，42(4)，283-291.

八島猛・大庭重治・野口和人（2019）青年初期の病弱児における自己評価の発達特性に関する横断的研究．特殊教育学研究，56(5)，257-266.

> # 第6節
> # 言語障害

1. 言語と小児言語障害

　言語は人と人との間で行われるコミュニケーションの主要な手段であり，社会を構成していくうえで欠かせないものである。言語には，このような伝達機能だけでなく，思考する，記憶する，学習するという機能，行動を調整する機能がある。言語とは記号体系であり，音声言語，書字言語，手話などがある。

　小児における言語障害は，ことばの遅れ，発音の誤り，非流暢な発話という形を取ることが多く，教科学習や生活面への影響が大きい。言語障害は，同年齢の定型発達児が有している言語能力から逸脱している状態をいう。その状態

表2-5　言語障害の評価

評価項目	検　査
基本情報	主訴（相談理由），現病歴，生育歴，既往歴，治療歴，家族歴，性格，環境，家庭・保育所・幼稚園・学校での様子など
発　達	新版K式発達検査，津守・稲毛式乳幼児精神発達診断
知　能	田中ビネー知能検査V，WPPSI-Ⅲ，WISC-Ⅳ KABC-Ⅱ心理・教育アセスメントバッテリー DN-CAS認知評価システム
言　語	LCスケール　言語・コミュニケーション発達スケール LCSA　学齢版　言語・コミュニケーション発達スケール PVT-R　絵画語い発達検査，標準抽象語理解力検査 新版構音検査
読み書き	小学生の読み書きスクリーニング検査 教研式読書力診断検査

は，基本情報，発達検査，知能検査，言語検査の結果によって評価する（表2
－5）。

2．言語機能の基礎的事項の発達の遅れ（言語発達障害）

⑴ 言語発達障害とは

　言語発達障害とは，生活年齢に比して言語発達が遅れた状態を言い，難聴，
知的障害，発達障害，脳外傷，環境の問題などのさまざま原因で生じる。主な
言語発達障害として，知的障害，限局性学習障害，自閉症スペクトラム障害，
脳性麻痺に伴う言語発達障害や特異的言語発達障害などがある（玉井，2015）。
　知的障害に伴う言語発達障害では，全般的知能の遅れや日常生活の自立・社
会適応の困難さにより語彙の獲得，統語能力の未熟さなど言語能力全般に遅れ
がみられる。限局性学習障害には発達性読み書き障害と計算障害があるが，言
語障害としては発達性読み書き障害が問題となる。発達性読み書き障害は全般
的知能に遅れはないのに読み書きに困難さを有している。自閉症スペクトラム
障害に伴う言語発達障害は，語用論的側面の質的障害や社会性の障害を呈する
が，自閉症状の重症度や知的障害の程度などによって対人コミュニケーション
能力は異なる。また，特異的言語発達障害は，知的障害はないが言語発達に特
異的に遅れがみられる状態である。

⑵ 言語発達障害の評価

　言語発達障害児の情報収集で重要なのは生育歴であり，運動，遊び，生活面，
社会性，言語などの発達経過やことばの指導を受けた経験などを聴取する。発
達検査では運動，探索，社会，生活習慣，言語などの領域の発達について評価
する。知能検査で知的能力を，言語検査で言語発達について評価する。言語特
有の遅れなのか，全般的発達の遅れに伴うのかの評価が重要である。

⑶ 言語発達障害児の指導

　指導は生活言語の拡大から学習言語の習得を目指す。生活言語は日常会話に必要な言語であり，自然な環境の中でのことばのやり取り，ロールプレイによる言葉のやり取り，絵日記指導により日常生活上の事象の言語化を指導する。学習言語は教科学習に必要な言語能力であり，各教科に関する語彙とその意味の学習を進めるが，学習の基盤としての読み書きの指導が重要である。語彙，意味，文法，語用という側面からも指導を行っていく必要がある。

　自閉症スペクトラム障害に対しては，視覚的手がかりを重視するカード式のコミュニケーション指導や認知発達的アプローチがとられることが多い。発達性読み書き障害では，文字を音声化して書くことで徐々に習得できる場合がある。読み上げソフトや電子辞書などの使用も有用である。特異的言語発達障害においては，言語理解，語彙拡大，文法理解に関する指導を中心的に行う。

３．構音障害

⑴ 構音障害とは

　構音は４歳から７歳にかけて完成する。構音障害は構音器官の器質的異常や運動障害，音韻発達の遅れなどを原因として起こる。

　器質性構音障害は，構音器官の器質的異常によって生じた構音障害であり，小児では口唇口蓋裂，粘膜下口蓋裂，先天性鼻咽腔閉鎖不全症に伴うものが中心となる。口唇口蓋裂児は，１歳６か月頃に施行される口蓋形成術後は鼻咽腔閉鎖機能が改善され，発話が明瞭となる場合が多いが，術後に鼻咽腔閉鎖機能不全や構音障害が認められる場合は二次手術や構音の指導が必要となる。機能性構音障害は，構音器官の器質的異常や運動障害がないにもかかわらず，構音可能な年齢に達していても構音の誤りがみられる。運動障害性構音障害とは，脳・神経筋系の障害で起こる構音障害である。小児においては脳性麻痺などや

脳外傷によるものがある。

⑵ 構音障害児の評価

　構音器官検査は口唇，舌，軟口蓋の形態と運動について観察する。鼻咽腔閉鎖機能検査は，① 口腔内の観察，② 鼻息鏡による発声時とブローイング時の鼻漏出の観察，③ 開鼻声の聴覚印象によって評価する。

　構音検査は，単音節，単語，短文，自由会話で評価する。構音の誤り方には，省略，置換，歪みがあり，その他にも異常構音（声門破裂音，口蓋化構音，側音化構音，鼻咽腔構音，咽頭摩擦音，咽頭破裂音）がある。被刺激性検査は，誤った音を再度聞かせたら正常な音として構音できるかで判定する。被刺激性があれば，早期に改善する確率が高い。構音類似運動検査は目標音に類似する構音器官の構えや運動を模倣できるかどうかを見る検査である。可能な運動は構音の指導に利用できる。

　構音と音韻学習に問題がある児の中には，発達性読み書き障害児の場合がある。口唇口蓋裂児においても言語性知能の低下がみられるという報告（中島，1998）もあり，知能検査を含む掘り下げ検査が必要な場合もある。

⑶ 構音障害児の指導

　構音の指導は，生活年齢（発達年齢），誤り音の種類と誤り方，誤りの一貫性，被刺激性の有無，本人の自覚，二次的問題の有無などを考慮して実施する。一般には 4 歳以上の言語発達レベルであり，一貫した誤りがあれば指導を始める。

　指導は，誤り音の中で獲得時期が早い音（例：「おかあさん」→「おたあたん」と /k/ → /t/，/s/ → /t/ に置換する場合は，/k/ から始める），被刺激性がある音，構音類似運動が可能な音から始める。構音指導法には，聴覚刺激法，構音位置づけ法，漸次接近法，キーワードを用いる方法などがある。目標音の産出，単音節，単語，短文と進み，自由会話時に確実に産出できた段階で終了する。

４．吃音・流暢性障害

⑴ 吃音・流暢性障害とは

　吃音・流暢性障害は話し言葉の滑らかさが損なわれた状態であり，小児期に発症する原因不明の発達性吃音，成人期に発症する精神的・神経学的原因によると考えられている獲得性吃音，そして，過度な早口と不明瞭な発話を特徴とするクラタリング（早口言語症）に分類される。

　吃音の症状は，音の繰り返し，音の引き伸ばし，ブロック，単語の部分的繰り返し，挿入，間などの発話症状と工夫，回避，情緒性反応という付随症状がある。これらの症状には波があり，さまざまな条件下で変動する。同じ文章を繰り返し読むと同じ音や場所で吃音が生じる一貫性効果や逆に繰り返し読むと吃音頻度が減少する適応性効果，幼児期における吃音の自覚の有無は吃音児の指導において留意すべき事項である。

　発達性吃音の発吃は２〜５歳頃であり，正常児にみられる非流暢性（normal disfluency）との鑑別が重要である。真性の吃音は，一般には音の繰り返しに始まり，引き延ばし，ブロックへと進展し，付随症状も多発するようになる。しかし，加齢に伴って自然治癒する例も多いとされている。また，吃音は幼児期では構音障害や言語発達の遅れを合併している場合も多い。

⑵ 吃音児の評価

　吃音の評価は，発話面，心理面，環境面について面接や質問紙による情報収集，面接場面の発話と行動の観察，検査によって行う。

　吃症状の評価は，本人・家族，関係者からの吃音に関する情報と発話サンプルの分析によって行う。情報収集では，発吃年齢とその時の症状や対応，発吃時から現在までの症状変化，吃音の自覚や吃音への価値観などを聴取する。発話サンプルによる評価は，面接時の発話，家庭での会話の録音，吃音検査によって行う。付随症状は観察によって分析する。心理面の評価は，吃音に対す

る本人の受け止め方の評価が重要である。

⑶ 吃音児の指導

　発吃初期の幼児に対しては，吃音出現時の否定的反応を禁止することや流暢な発話を生じやすい環境を整える環境調整法や遊戯療法を用いる。本人が吃音を意識するようになり，吃音の進展がみられるようであれば，幼児期後半から学齢期前半には，ゆったりした緊張がない発話を指導者や保護者が行い，それを自然に真似させ，滑らかに言えるようにする流暢性形成法や流暢な発話をほめることによって行動変容させるリッカムプログラムなどの方法で吃音の軽減・消失を目指す。

　小学校高学年になると吃音を意識し，苦手な語や音，場面が固定化しやすく，工夫や回避，情緒性反応がみられ，ストレスを感じる場面が多くなる。からかいやいじめが生じている場合は，学級内での吃音の正しい理解などの教師による対応が重要となる。音読や会話時にわざと吃る（随意吃）という指導を行い，ブロックや付随症状を軽減させる。また，斉読も吃音が生じにくいので，流暢な発話を体験，習得するうえで良い方法である。

　思春期以降ではメンタルリハーサル法，認知行動療法などを用いて指導する。学校生活や職業上での会話の重要性を認識させ，吃音があっても発話場面から回避しないという行動形成を進める。

5．言語障害児の療育・教育における連携

　言語障害の治療は，幼児期は医療機関や福祉機関でも実施されていることが多い。学齢児で複数の機関で言語指導を受けている場合は，相互の連携が必要である。また，通級による指導を受けている児童の場合は，通級の担当教員と通常の学級の担任との緊密な連携が重要である。

参考文献

玉井ふみ（2015）言語発達の阻害要因と言語発達障害．玉井ふみ・深浦順一編，標準言語聴覚障害学 言語発達障害学，医学書院，6-8.

中島敏子（1998）術後唇顎口蓋裂児における構音障害の有無と言語発達．音声言語医学，39，5-8.

第7節
情緒障害

1．情緒障害とは

　1961年の児童福祉法の改正で情緒障害児短期治療施設（現在児童心理治療施設）が定められ，情緒障害という表記が使われるようになった。1969年に情緒障害児特殊学級が設置され，教育領域では自閉症も含めて情緒障害と呼ぶことになった。その後，自閉症を発達障害とする捉え方が広がり，人間関係の歪みが感情に負担をかけ，社会適応が困難になったものを情緒障害と捉えるようになった。

　文部科学省（2009）は，情緒障害を後天的な心理的問題によって社会適応に支障があるものとしたため，「情緒障害特別支援学級」を「自閉症・情緒障害特別支援学級」に変更し，自閉症と情緒障害を区別するようになった。

　また，文部科学省（2013）は，情緒障害について，情緒の現れ方が偏っていたり，その現れ方が激しかったりする状態を，自分の意志ではコントロールできないことが継続し，学校生活や社会生活に支障となるものと定義した。さらに，情緒障害の例として，拒食，過食，異食等の食事の問題，不眠，不規則な睡眠習慣等の睡眠の問題，夜尿，失禁等の排泄の問題，性への関心や対象の問題等の性的問題，チック，髪いじり，爪かみ等の神経性習癖，引っ込み思案，孤立，不人気，いじめ等の対人関係の問題，学業不振，不登校，虚言癖，粗暴行為，攻撃傾向等の反社会的傾向，怠学，窃盗，暴走行為等の非行，多動，興奮傾向，かんしゃく癖等の情緒不安定，選択性緘黙，無気力をあげている。

　情緒障害の概念は，特別支援教育の歴史的背景や社会状況に応じて変化して

いるが，何らかの要因で不安や恐怖を強く感じ，学校等でうまく生活できない
ために専門的支援を要する。以下，特に学校教育において問題となる選択性緘
黙，不登校の状態とその支援について述べる。

2．選択性緘黙

⑴ 選択性緘黙とは

　選択性緘黙（場面緘黙とも称される）について，文部科学省（2013）は，発声
器官等に器質的・機能的障害がないのに，心理的要因により特定の状況で音声
や言葉を出せず，学業等に支障がある状態としている。生来の対人緊張や対人
不安の強さがあり，集団に入ると不安が増強するため，話をしなくなる。また，
対人緊張の強さの背景要因が知的障害や自閉症の場合もあるため，多方面から
調査して総合的判断をする必要がある。人間関係がうまくいかない，集団生活
に馴染めないといった心理的要因によって社会適応に困難さがある状態にある
ため，一部他の障害からの影響を受ける可能性がある。
　選択性緘黙の発現率は疫学調査から0.47％から0.76％とされている（Viana,
et al., 2009）が，神戸市の小学校における発現率は0.15％であった（梶・藤田,
2015）。選択性緘黙の定義や対象児の年齢の違い等で出現率に差がでるが，日
本における発現率は諸外国よりもかなり低い可能性があるため，各国の教育の
あり方等の文化的背景が発現に影響していると考えられる。

⑵ 選択性緘黙への支援

　選択性緘黙の多くは加齢と共に症状の改善がみられる（Steinhausen, et al.,
2006）。しかし，成人期になってもコミュニケーションに問題があり，自己評
価が低いケースもある（Remschmidt, et al., 2001）。この場合，対人関係を維
持できないことで社会適応が困難になっているため，要因を検討して早期発
見・早期支援や学校教育での対人交流やコミュニケーションへの支援を行うよ

うにする。教師やクラスメイトとの対人関係や信頼関係が形成されると社会性が向上するため，家族や周囲が受容的態度で働きかけることが重要になる。

　支援者の配慮として，本人が話をしやすいように話を聞く人が少ない場面で話しかける，発話への安心感を高めるために具体的に話したり選択式の質問をしたりする，視線による緊張を減らすために対象児の正面ではなく横並びに座って話しかける（Kotrba, 2014）。小中学校での班分けや席替えにおいて，くじ引きや書いて希望を伝えるような場面に参加して意思を示しやすくする（奥村・園山，2018）等があげられる。このように，話をすることへの恐怖・緊張・不安を軽減する支援が奨励されている。さらに，自己理解を深めて成長や発達を促すためには，対象児の興味・関心・特技等の強みを見つけ，それらを題材にしてコミュニケーションを楽しめるように働きかけていく必要がある。

3．不登校

⑴ 不登校とは

　文部科学省は1998年の学校基本調査から，年間30日以上欠席した児童生徒の理由の分類のうち「学校ぎらい」を「不登校」に変更した。不登校を「何らかの心理的，情緒的，身体的あるいは社会的要因・背景により，登校しないあるいはしたくともできない状況にあるために年間30日以上欠席した者のうち，病気や経済的な理由による者を除いたもの」とした。心理的・情緒的な理由で登校できない不適応状態にあるため，情緒障害教育の対象となる。

⑵ 不登校への支援

　2016年12月に公布された「義務教育の段階における普通教育に相当する教育の機会の確保等に関する法律」では，不登校児童生徒の教育機会を確保するために，学校における取組への支援（第8条），学校の教職員や心理・福祉等の関係者間での支援状況の情報の共有の促進（第9条），実態に配慮した特別の

教育課程に基づく教育を行う学校の整備と教育の充実（第10条），学習への支援を行う教育施設の整備と教育の充実（第11条），学校以外の場における学習活動や心身の状況等の継続的把握（第12条），学校以外の場における多様で適切な学習活動等を行う不登校児童生徒への支援とその保護者への情報提供等の支援（第13条）について定めている。

　この法律に基づき，文部科学省初等中等教育局が2017年3月に「義務教育の段階における普通教育に相当する教育の機会の確保等に関する基本指針」を策定した。そこでは，不登校はどの児童生徒にも起こり得るとして問題行動と受け取られないよう配慮し，児童生徒の最善の利益を最優先するために，支援は登校を目標とするのではなく，社会的自立を目指すこと，児童生徒の意思を尊重し，児童生徒や保護者を追い詰めないように留意すべきとした。不登校児童生徒とその家族は，自責の念，孤独感，不安等を抱えているため，安心感やエネルギーの回復を目指して家庭環境の調整も含めた支援が不可欠である。

　不登校児童生徒に対する心理療法等の有効性については，治療者との遊びを通した治療関係の中で抱える問題の解決を図る遊戯療法（田中，2014），砂の入った箱庭の中に玩具等を並べて，自由に内面のイメージを表現する箱庭療法（桑原，2015），学習理論による行動変容技法である行動療法（西村，2016），臨床心理学や発達心理学の知見を使って問題解決を図る学校カウンセリング，対象児の環境へ働きかけたり関係機関等とのネットワークによって支援を行ったりする学校ソーシャルワーク（安井，2015）等の報告がなされている。

　近年では，児童生徒が適宜休息し，リフレッシュできる部屋を学校に確保することが発達支援に有効とされ，教室等の環境整備が重視されている（姉崎，2013）。また，関係機関との連携，担任やクラスメイトとの協働等によって復帰しやすい学校環境の整備が課題となっている（藤田・則定，2019）。

　不登校の要因は多様であるため，家族や周囲が障害の状態を理解し，支援者には受容的態度で働きかけること，心理療法等の有効とされる支援方法を取り入れること，興味・関心・特技等のストレングスを捉えて社会適応を促すことが求められる。また，家庭環境の調整や学校の環境整備を図り，学級担任，養

護教諭，スクールカウンセラー，スクールソーシャルワーカー，適応指導教室等が密に連携しながら重層的に支援できる体制作りが課題となっている。

引用文献

姉崎弘（2013）わが国におけるスヌーズレン教育の導入の意義と展開．特殊教育学研究，51(4)，369-379.

藤田絵理子・則定百合子（2019）不登校支援の在り方に関する再考．和歌山大学教職大学院紀要：学校教育実践研究，(3)，143-151.

梶正義・藤田継道（2015）場面緘黙の出現率に関する基本調査(1)　小学生を対象として，日本特殊教育学会第53回大会発表論文集．

Kotrba, A. (2014) *Selective Mutism: An Assessment and Intervention Guide for Therapists, Educators & Parents,* PESI Publishing & Media.

桑原晴子（2015）場面緘黙傾向の不登校中学生女子の箱庭療法過程：リズムと身体症状に着目して．箱庭療法学研究，27(3)，3-15.

文部科学省（2009）「情緒障害者」を対象とする特別支援学級の名称について．

文部科学省（2013）教育支援資料，情緒障害．

文部科学省（2017）義務教育の段階における普通教育に相当する教育の機会の確保等に関する基本指針．

西村勇人（2016）機能分析に基づいた不登校への行動療法的介入—2症例を通して—．行動療法研究，42(2)，257-265.

奥村真衣子・園山繁樹（2018）選択性緘黙のある児童生徒の学校場面における困難状況の理解と教師やクラスメイトに求める対応．障害科学研究，42，91-103.

Remschmidt, H., Poller, M., Herpertz-Dahlmann, B., Hennighausen, K., Gutenbrunner, C. (2001) A follow-up study of 45 patients with elective mutism. *European Archives of Psychiatry and Clinical Neuroscience,* 251(6), 284-296.

Steinhausen, HC., Wachter, M., Laimböck, K., Metzke, CW. (2006) A long-term outcome study of selective mutism in childhood. *Journal of Child Psychology and Psychiatry,* 47(7), 751-756.

田中秀紀（2014）遊戯療法による不登校児の語る主体の生成過程．箱庭療法学研究，27(1)，65-74.

Viana, A., Beidel, D., Rabian, B. (2009) Selective mutism: A review and integration of the last 15 years. *Clinical Psychology Review,* 29(1), 57-67.

安井勝（2015）学校カウンセリングと学校ソーシャルワークの接合に関する実践的研究．名古屋女子大学紀要，(61)，211-222.

第 8 節
知的障害を伴う自閉症

1．自閉症の概念と特徴

　1981年にウイング（Wing, L.）は，知的発達や言語発達に遅れがないのに，1943年にカナー（Kanner, L.）が報告した自閉症（カナーは早期幼児自閉症と命名した）と同様の症状をもつ子供を報告した。その子供は，1944年のアスペルガー（Asperger, H.）による自閉的精神病質の報告と同じ症状であったため，アスペルガー症候群と命名した。それ以降，知的障害のある自閉症をカナータイプ，知的障害のない自閉症をアスペルガータイプと呼称することが広がり，療育に用いられた。例えば自閉症の早期療育に携わっていた筆者は，1982年にA 市立療育センター情緒・自閉部門の自閉症の親子通園において，知的障害の有無によって療育内容が異なるため，両タイプを分けて療育を実施していた。

　米国精神医学会（APA）の精神疾患の診断・統計マニュアル第 5 版（DSM-5, 2013）では，DSM- Ⅳ（1994）による広汎性発達障害の下位分類である自閉症，高機能自閉症（知的障害のない自閉症），アスペルガー障害（アスペルガー症候群と同義，知的障害がなく，会話ができる自閉症），特定不能の広汎性発達障害をまとめて，症状の重いものから軽いものまでをすべて含めて自閉スペクトラム症とした。なお，広汎性発達障害と自閉スペクトラム症はほぼ同義で，一般に自閉症といわれる状態であるため，以降，自閉症と記述する。自閉症は興味の限局，常同的・反復的行動と呼ばれるこだわり行動が顕著で，他者の気持ちを推し量ったり共感したりするのが難しい。そのため，社会的コミュニケーションや対人交流反応の障害があり，これらの特徴が 3 歳までに現れる。脳神

経の発達異常による神経発達障害とされているが，発達過程のなかで状態が変化していくため，発達段階に応じた支援が不可欠である。

　DSM-Ⅳの改訂版であるDSM-Ⅳ-TR（2000）では有病率を1万人中5人としていたが，その後，イギリスでは1万人中116人（Biard, et al., 2006）との報告があり，100人に1人程度は存在しているとみられる。これは，自閉症が広く知られるようになっただけでなく，診断基準が拡大されたためである。

　社会性の障害については，他者との相互反応に質的障害があり，乳児期に「目が合わない」「呼んでも声のする方向を見ない」「あやしてもあまり笑わない」との症状がある（黒川，2012）。幼児期では一人遊びを好み，他者への関心が弱く，他者の気持ちを察することや状況に応じた行動をとるのが難しい。そのため，社会的文脈を捉えて適応行動をとることや対人関係の形成に困難さがある。

　言語・コミュニケーションの障害については，抑揚のない話し方や尻上がりのイントネーション，反響言語や独特な語句の使用がみられる。言語理解，話し言葉，仕草や表情で意思や感情を伝えるジェスチャー等に遅れがあり，知的障害が重い場合，言葉の獲得ができなかったり，言葉を獲得しても会話が一方的であったり，コミュニケーションにおける言葉の使用が困難であったりする。

　興味の限局，常同的・反復的行動については，特定のことへの関心，同じことを繰り返す，特定のものへの執着，家具の配置を変えたりいつもの道順と違う道を通ったりするとパニックを起こすほどの変化への抵抗，所謂こだわりがあり，それが状況に応じた行動を妨げている。

2．自閉症に対する捉え方と主な療育方法

　自閉症に対する多数の療育方法が考案されてきたが，主なものは次の通りである。これらは，知的障害のある自閉症への治療教育に用いられてきたが，知的障害や発達障害全般に対する保育・教育・療育等にも広く活用できる。

⑴ 遊戯療法

　自閉症の心因論が優勢だった頃，療育の目的は対人関係障害の改善で，対人関係の形成や遊びの展開が重視された。さまざまな因果関係を捉える力動的精神医学やカウンセリング理論等の影響で自発性や能動性が強調され，治療者には受容的態度で対象児に接することが求められた。1947年にアクスライン（Axline,V.）は，遊戯療法について「子供との温かい親密な関係を発展させる」「子供をあるがままに受け入れる」等の原理を示している（Axline, 1969）。遊戯療法では，自由な遊びの中で内面世界を表現して楽しむため，保育や教育に取り入れられ，親子通園等の集団療育として発展している。

⑵ 行動療法

　遺伝学・神経学的研究が進んだ1970年代から行動療法が重視されるようになった。条件づけや学習理論を応用することから出発した（梅津，1975）。当初，「賞－罰」による条件づけによって言語獲得や問題行動の改善を図っていたが，それよりも，学習や生活場面での行動分析に基づく個別プログラムによる学習指導が盛んになった。学習や生活場面における親や教師による教育的励ましが「賞－罰」の役割をするため，保育や教育に採り入れられ，応用行動分析（ABA）とも称されるようになった。行動療法の原理では，行動や行動変容の視点からしか表情や感情を捉えないため，発達段階や性格等の内的条件を考慮しないことに留意して用いる必要がある。

⑶ 受容的交流療法

　行動療法が広がる中で，石井哲夫は，自閉症児の人格形成や発達に対する対人交流や集団の意味や役割の重要性を指摘し，自閉症児の行動を受けとめ，認知の変容，心身の安定や行動の適正化に向けた課題設定と交流を図るようにする受容的交流療法を提唱した。子供の主体性を大事にしながら，自発性を引き出して社会性を育成するために，支援者が努めて受容的にかかわることを大切

にする。そのため，子供を共感的に理解する受容，共に楽しむ交流，支援者も
子供も自己を表現してお互いに受け入れあう相互受容を包括的に行うようにす
る（石井，1979）。この方法は，自閉症児に接する際の心構えとも捉えられる。

⑷ 感覚統合療法

　エアーズ（Ayres, J.）は，脳幹の機能を高めて無意識の感覚を効率的に調
整・統合して周囲の情報を理解できれば，適切な反応ができるようになると考
えた。感覚統合を促す刺激には，皮膚に関する感覚（触覚・皮膚感覚），重力と
運動に関する感覚（前庭覚），筋肉と関節に関する感覚（固有覚）がある。これ
らの刺激を受けることによって脳幹が機能すると，姿勢反射・歩行反射等の反
射運動や不器用さが改善するだけでなく，意識の座である脳幹網様体が働くた
め注意が集中し，学習が進むとした（Ayres, 1972）。当初は学習障害の不器用
さの改善を目指したが，1980年代から自閉症にも用いられるようになった。自
閉症には感覚刺激への過敏性もある（Marco, et al., 2011）ため，保育や教育に
おいては，ランニングや体操等の全身運動によって感覚統合を促して過敏性を
緩和し，情緒を安定させて座学に取り組む等，工夫をして活用することが求め
られる。

⑸ 生活療法

　児童発達支援センター等の早期療育の場において，主に集団療育のなかで音
楽やリズム活動，身体表現活動，生活指導等が行われている。これらは1970年
代に親子教室等の形態で始まり，観察学習，模倣学習，内的動機づけを重視す
る。集まりや生活場面での一連の行動，リトミックや体操の場面への参加，順
番のルールを守る等，集団の特性や集団の力を生かした指導法である。
　集団の醸し出す刺激的雰囲気に巻き込みながら模倣行為を引き出し，身体運
動感覚が豊かになると他児との身体運動を通してのかかわりが増え，発達が促
されて社会性が向上していく。このため，支援者との心理的つながりが不可欠
で，自らを他者とのかかわりの中で生活する存在と認識できるように働きかけ

ていく必要がある（村田，2016）。今後，集団療育に対象児の発達に有効な療育
方法を多数取り入れ，より効果的なものに改善していくことが課題である。

⑹ 太田ステージ評価による認知発達治療

1990年代に自閉症の認知構造の特徴に焦点を合わせて働きかけ，認知・情緒
の発達を促し，表象機能を豊かにするために太田ステージ評価による認知発達
治療が開発された。発達論によるアプローチで，太田ステージによる発達段階
や認知レベルに応じた課題の選定が容易である（太田ら，1992）。したがって，
発達段階に応じた指導を行うために有用である。

シンボル機能が認められない感覚運動期・無シンボル期の Stage Ⅰ，シン
ボル機能の芽生えが認められる Stage Ⅱ，シンボル機能がはっきりと認めら
れる Stage Ⅲ-1，概念形成の芽生えが認められる Stage Ⅲ-2，基本的な関
係の概念が形成された Stage Ⅳの段階にわかれている。Stage Ⅳでは見かけ
に惑わされていた直感的思考だが，具体的操作期に入る Stage Ⅴ以上では一
貫性のある論理的思考ができ始める（太田・永井・武藤，2015）。

⑺ サーツ（SCERTS）モデル

プリザント（Prizant, B.）は，自閉症へのある療法だけが他の療法よりも優
れているという科学的証拠がないため，科学的根拠のある方法，支援者の知識
技能，対象の状態や実態，支援の価値観等の統合を重視し，2006年に発達論的
アプローチ・行動論的アプローチ等を統合した SCERTS モデルを発表した。

このモデルでは，「コミュニケーション」と「社会－情動能力」を支援する
枠組みを作り，さまざまな方法を柔軟に用いる。方法論中心ではなく対象児中
心の発想で支援をするために，能動的かかわりによる組織的で柔軟な人と家族
を中心に置いたモデルで，子供・家族と協同する教育の枠組みでもある。自発
的コミュニケーションと人間関係の形成を目指す社会コミュニケーション，学
習や行動のための情動の調整，家族中心・専門家連携による交流型支援の3領
域を柱とした包括的な発達的視点からの支援を重視している（Prizant, et al.,

2006)。

(8) セルフマネジメント

　ある標的行動に関連した先行事象や結果事象を自分で操作することにより，行動を変容・維持する方法である（志賀，1988）。活動プランを能力に合わせて作り，活動を始めるときに周囲の指示や監督に依存しないために，時計や表を活用できるようにする。したがって，指示がなくても適応行動がとれるように，これからやるべき標的行動の手がかりを他者に依存しないようにしていく。そのため，自分で手がかりを与える自己教示，標的行動への自己記録，標的行動と実際の行動の振り返り，評価基準に照らした自己評価が必要で，行動の遂行に応じて自己強化を行うように働きかけていく（霜田，2006）。

(9) 心理劇（サイコドラマ）

　モレノ（Moreno, J.）が創始した集団心理療法で，即興で言動によって演じるため適応行為につながる。治療者である監督と演者の適応行為を引き出す補助自我，演者，観客，舞台の5要素がある。進行は，演じる前の心身の準備をするウォーミングアップ，その中で選ばれた主役に対して監督がインタビューしながら展開する劇化，一つの劇の終了直後に参加者が感想を分かち合うシェアリングの3相から構成されている。当初は統合失調症の治療に用いられていたが，社会適応能力を高めるために自閉症にも適用されるようになった。

　知的障害がある自閉症に対する心理劇の効果として，次の報告がされている。通級指導教室の自立活動で童話を題材とした心理劇を行った結果，自己表現ができるようになり，集団活動への参加意欲が増し，仲間意識をもつようになったため級友の誰にでも応じるようになった（長田ら，2019）。障害者支援施設で実施すると，社会性の向上や対人関係の改善が顕著に示された（高原，2002）。このように，心理劇は対人交流を促し，社会性や社会適応能力を高めるのに効果があるため，教育や福祉の領域で広く活用することが求められる。

3．発達的視点から自閉症を捉えること

　乳幼児の育ちを見ると，母親との愛着関係が形成されると情緒が安定してくる。母親とのスキンシップや視線を交わしあうことで心がつながり，気持ちのやりとりができるようにもなる。内面的な豊かさが育っていくため，母親だけでなく徐々に周囲にも目を向け，母親以外の人とのコミュニケーションをとることができるようになってくる。これにより，言葉を獲得し，知的にも社会的にも発達が促されていくことになる。したがって，人が人として育っていくための道筋は簡単なものではなく，子供の健やかな成長や発達のためには，さまざまな要因が揃うだけでなく，多岐に亘る条件を整えなければならない。

　以上より，精神発達の過程が足踏みしたり揺らいだりすることは，どの子供にも起こり得る。特に知的障害の有無にかかわらず自閉症があると精神発達の様相が独特であるため，どのように理解して養育をすればいいのかがつかめず，その親や周囲の人，保育や教育等を行う支援者が思い悩むことになる。したがって，子供の精神発達がどのように進むのかという精神発達の様相に目を向けながら，どのように育てればよいのかを考えていく（村田，2016）。そのためにはまず，心の発達の土台である安心感・信頼感と自信を育てなければならない（黒川，2012）。支援においては，子供の興味や関心等の強みを活用し，心の育ちや発達段階に応じた発達的視点からの働きかけが不可欠である。

　観察学習や模倣学習ができるようになれば社会性が向上するため，他者とのコミュニケーションが増えて言語等の認知能力も伸びてくる。先に主な自閉症への療育方法を概観したが，特定の療育方法に対象児を合わせることだけは厳に慎まなければならない。保育や教育等の支援者は，発達のどの段階でどのような発達の足踏みをしているのかを検討し，働きかけを考えるべきである（村田，2016）。また，精神発達や発達段階の向上に有効だと判断される療育方法を組み合わせたり柔軟に活用したりできる技量を身につける必要がある。

　自閉症児の発達を促すためには効果的とされる療育方法を導入しながら，主体性・自発性・能動性を引き出していく。そのためには，クライエントの興

味・関心，その周囲の人も含めた環境等の強みを活用するストレングス視点から
らの支援が求められる（林田・松山，2019）。また，教育・保育・療育における
支援は，人が人に対して行う心理的操作であるため，心理療法的に相手を受け
止めようとする姿勢や心構えが大切になる。

引用文献

American Psychiatric Association（1994）*Diagnostic and Statistical Manual of Mental Disorders, 4th Edition,* American Psychiatric Association, 65-78.

American Psychiatric Association（2000），*Diagnostic and Statistical Manual of Mental Disorders, 4th Edition,* Text Revision, American Psychiatric Association, 73.

American Psychiatric Association（2013）*Diagnostic and Statistical Manual of Mental Disorders, 5th Edition,* American Psychiatric Association. 50-59.

Axline, V.（1969）*Play therapy.* New York：Ballantine. 73-75.

Ayres, J.（1972）*Sensory Integration and Learning Disorders,* Western Psychological Services, 113-133.

Baird, G., Simonoff, E., Pickles, A., Chandler, S., Loucas, T., Meldrum, D., Charman T.（2006）Prevalence of disorders of the autism spectrum in a population cohort of children in South Thames: The Special Needs and Autism Project. *Lancet,* 368, 210-215.

林田真一・松山郁夫（2019）自閉症・情緒障害特別支援学級の自立活動におけるストレングス視点からの授業実践. 佐賀大学教育実践研究, (37), 99-111.

石井哲夫（1979）自閉症児の治療と教育. 三一書房, 53-70.

黒川新二（2012）自閉症とそだちの科学. 日本評論社, 49-58.

Marco, E. J., Hinkley, L. B., Hill, S. S., Nagarajan, S. S.（2011）Sensory processing in autism: a review of neurophysiologic findings. *Pediatric Research,* 69, 48-54.

村田豊久（2016）自閉症. 日本評論社, 104-147.

太田昌孝・永井洋子（1992）認知発達治療の実践マニュアル：自閉症の Stage 別発達課題. 日本文化科学社, 2-18.

太田昌孝・永井洋子・武藤直子編（2015）自閉症治療の到達点第2版. 日本文化科学社, 90-127.

長田洋一・都築繁幸（2019）通級指導教室の自閉症スペクトラム児に対する童話を

　題材とした心理劇の適用．障害者教育・福祉学研究，⒂，45-53.

Prizant, B. M., Wetherby, A. M., Rubin, E., Laurent, A. C., & Rydell, P. J. (2006) *The SCERTS Model, A Comprehensive Educational Approach for Children with Autism Spectrum Disorders, 1, Assessment.* Brookes Publishing, 1-19.

志賀利一（1988）「セルフマネージメント」は教えられるか―その実践方法を探る―．自閉症児童教育研究，11，2-13.

霜田浩信（2006）自閉症児に対する学習課題遂行のためのセルフマネージメント行動の指導．文教大学教育学部紀要，40，67-74.

高原朗子（2002）青年期の自閉症者に対する心理劇の効果：10年間の実践の検討．特殊教育学研究，40(4)，363-374.

梅津耕作編（1975）自閉児の行動療法．有斐閣，1-20.

Wing, L. (1981) Asperger's syndrome: A clinical account. *Psychological Medicine,* 11, 115-129.

第9節
知的障害を伴わない自閉症

1．自閉症とは

　自閉症とは，「自分の殻に閉じこもったように見える」といったコミュニ
ケーション面の苦手さを強くもつ人たちのことをさし，性別比は男性：女性が
およそ3：1の割合で存在する。自閉症という概念自体は，1940年代から存在
したが，近年の研究で，社会性の苦手傾向やこだわり行動などは"自閉症"と
いわれる数パーセントの限られた人たちだけが特別にもつ特徴ではなく，ある
程度の割合の人々がもちうる特性であることが明らかになってきた。かつては
社会性の極端な苦手さをもちながらも言語能力は極めて高いというアスペル
ガー症候群という人たちが着目されたが，重度の知的障害を伴い環境調整や個
別の訓練など生涯にわたりサポートを受けている方もいて幅が広い。知的障害
を伴った自閉症の人たちは，カナー（Kanner, L.）という研究者が発見したこ
とから，カナー型自閉症ともいわれる。ウイング（Wing, L.）という自閉症の
研究者が，1996年にカナー型自閉症とアスペルガー症候群と2つの概念を再整
理し，「自閉症スペクトラム（自閉的連続体）」という上位概念を提唱した。自
閉症スペクトラム障害が，現在の包括的な障害名となっている。

　自閉症の子供たちは他の子供たちができるような，アイコンタクトやボ
ディーランゲージのような非言語的コミュニケーションをとることが苦手であ
る。例えば使用する言語が全く異なる外国の人との間でも，身振り手振りや目
線などでなんとなくセンサーのようなものが働いて通じ合っている，という感
覚をもつことがあるだろう。自閉症の人たちの場合，そういった情報に反応し

て読み取るところが小さいころからうまく機能しない。言語的な知識を兼ね備えていたとしても，世間話のような人と人との双方向的なやり取りが極めて苦手，といったことがある。対人関係では，共感的に相手の心情を読み取ることや，社会的なルールを理解してそれに従うことにつまづくことがある。例えば，目の前にいる女性の人に「何を食べたらそんなに太れるのですか？」と声をかけてしまったりすることがある。人を傷つけようという意図はなく，相手の立場に立って気持ちを想像することが苦手なため，"どうしたらそんなに太れるのかすごく知りたい"という純粋な関心ごとのみに従って行動してしまう。こういった社会的コミュニケーションの特徴は他の子供たちと比べて不足している能力としてみられている。逆に他の子供たちの平均と比べて突出している能力があるがゆえに苦労することがある。例えば，"モノ"へ強く惹きつけられる度合が強いことがある。数字や記号・文字といった抽象的な対象や，車や電車などの乗り物，星や虫，歴史といった知識が対象になることもある。記憶力の高さが同一性を保つことと強く結びつくため，いつも決まった道順で保育所に行かないととても不安になったり，時刻表を事細かに記憶していたり，ミニカーが秩序だって並んでいることに強く安心するといったことがある。自閉症の子供たちのこういった特徴は，こだわり行動といわれる。また，光や音に対して鋭い感覚をもっているために，手のひらを電灯や太陽にかざしそこから漏れる光に没頭したり，赤ちゃんの泣き声や突然の大きなサイレンなど音刺激に耐えられずにパニックになったりすることがある。

　医療機関などでされる診断は，世界的な共通の基準に沿ってされる。2013年5月に改訂された米国精神医学会が発表する Diagnostic and Statistical Manual of Mental Disorders（DSM）の第5版での自閉症スペクトラム障害の診断基準を表2－6に示す。前のバージョンの DSM-Ⅳでは，広汎性発達障害に自閉性障害（カナー型自閉症），小児期崩壊性障害，レット障害，アスペルガー障害，および特定不能の広汎性発達障害（PDD-NOS）が，それぞれ別のグループとして設定されていたが，DSM-5ではすべて自閉症スペクトラム障害（Autism Spectrum Disorder：ASD）の一つにまとめられた。コミュニ

表2－6　DSM-5　自閉症スペクトラムの診断基準

A：社会的コミュニケーション及び相互関係における持続的障害（以下の3点） 　1．社会的，情緒的な相互関係の障害 　2．他者との交流に用いられる言葉を介さないコミュニケーションの障害 　3．（年齢相応の対人）関係性の発達・維持の障害 B：限定された反復する様式の行動，興味，活動（以下の2点以上で示される） 　1．常同的で反復的な運動動作や物体の使用，あるいは話し方 　2．同一性へのこだわり，日常動作への融通のきかない執着，言語・非言語上の儀式的な行動パターン 　3．集中度や焦点付けが異常に強く，限定，固定された興味 　4．感覚入力に対する敏感さあるいは鈍感性，あるいは感覚に関する環境に対する普通以上の関心 C：症状は発達早期の段階で必ず出現するが後になって明らかになるものもある D：症状は社会や職業その他の重要な機能に重大な障害を引き起こしている

ケーションに関する軸で定型発達児者に比べて質・量ともに低いとされる領域であり診断基準Aと，逆に感覚過敏のような突出した特異的な行動領域の診断基準Bからなっている。他の発達障害との兼ね合いで言えば，いままでは別のものとしてとらえられていた。そしてDSM-5では，診断基準Dのように本人や周囲が実際に困難さをどの程度抱えているかどうか，ということが新たに加えられた。

2．特性と障害の違いについて

　診断基準の改定により，スペクトラムという新しい理念が加わった。そもそもスペクトラムとは科学分野で用いられる「スペクトル」に語源があり，同じ仲間とみられるものが連続的に含まれていることである。自閉症スペクトラム特性の濃度のとらえ方は，アルコール飲料に例えられる。例えば酎ハイやビールのアルコール濃度は5〜7％，日本酒は15％前後，ウイスキーは40〜45％と高くなる。関東圏で広く流通しているホッピーなるものは0.8％であり，日本の酒税法では1％未満は酒に含まれず清涼飲料水の扱いになる。同じアルコールでも量的にはそれぞれに違いがある。ASDにも同じことがいえる。カナー

型自閉症といっても，自閉症スペクトラム特性の濃度には高低があり，アスペルガー症候群も同様である。空気が読めないという特定の行動のみをとりあげ，「アスペ君」や「アスペ女子」といったようなカテゴリカルなラベリングが社会に蔓延することがあった。あらためて DSM-5 に照らし合わせれば，本人が社会生活で極端な困難さを抱えていないのであれば，それは「自閉症スペクトラム障害」ではなく，「自閉症スペクトラムの特性」をもちながら社会で活躍されている方，ということになる。世の中には，生来ホッピー程度に自閉症スペクトラム特性をもたれている人は，かなりたくさん存在する。高度な専門性をもつ研究者・エンジニア・芸術家・職人には，時に対象物に没頭するような突出した特性がなければその道では成功することはできないだろう。現在の診断基準にみられるような A の対人コミュニケーションの苦手さや，B のこだわりや過敏性といった特異性は，医療診断の有る無しに関係なく共有している質的特性である。DSM-5 に沿って，幼児期に周囲との軋轢による困り度合から ASD と診断されたが，児童期から青年期と温かい環境で適応スキルを身につけるにつれ，成人後には少し固いところはあるけれども職業人として活躍し，診断名がとれるということもみられる。正常な精神構造とそこから外れた異常があるという，2 極化された従来の「カテゴリカルな病理モデル」から，個々それぞれの発達の変遷を想定した「多様性ある発達モデル」に移行してきている。男女比に関しても同様のことがいえ，これまでは圧倒的に男性に多いとされてきたが，女性の場合は言語能力が高いために見過ごされがちになるものの，実は自閉症スペクトラム特性をもつ女性の方もかなり多く存在することがあきらかになってきた。スペクトラムの概念をまとめれば，(1)定型発達児者と発達障害児者の間に明確な質的差異がないこと，(2)診断をもたない定型発達児者の中にも，一定の発達障害の傾向を有する人々がいること，(3)同じ発達障害の診断を受けている児者の間でも症状の程度には個人差があること，となる（伊藤，2014）。ある程度はっきりとした ASD 特性をもっている割合は全体の10% 程度といわれているが，うち実際に医療機関診断を受けるのは 1 ～ 2 % である。つまり，医療制度という従来の枠組みのみでは対応に限界が

あることを示しており，診断の有無にかかわらず“困り感”に応じて母子保健・保育・教育が受け皿となり育ち支えていくことの重要性がある。

3．中核症状としての対人社会的スキルの変遷

　DSM-5の診断基準AやBの本質的特性は，脳機能の生物学的な基盤に関連することから，中核症状といわれる。定型発達児の場合，生後1歳から2歳の乳幼児期は，言語獲得や他者の意図理解が進展するなど，対人社会的な発達で劇的な変化が起こることが知られている。それまでの自分－人（他者），自分－モノという，2つの関係から，1歳を過ぎたあたりから自分－人（他者）－モノ，という3つの関係に徐々に発展していく。こういった他者との間で物への注意・関心を共有したりする行動様式を，共同注意［Joint Attention］という。早期発見・早期治療が求められるASDに関しては，乳幼児健診などでこの共同注意に着目した取り組みが多くみられる。ASD児の場合は，人（他者）への関心や人（他者）との同調が弱いとされ，逆にモノへの関心を強くもっている場合が少なくない。例えば，物の並べ方や光などの刺激に没頭するような突出した傾向がある一方で，親がなんとなく抱っこしづらさを感じたり，普段のかかわりのなかでアイコンタクトがみられないことが報告されることが少なくない。ASD児者の興味関心を図式化すれば“モノ＞人”であり，定型発達児者の“モノ＜人”とは対照的となる。したがってその次の発達ステージの，人（他者）とモノを並行しながら同時に扱うような共同注意関係に移行しにくい。例えば自分がある玩具で夢中になって遊んでいるとき，“自分”と“モノ”との2項の関係にある。次第に，玩具に夢中になりながら，近くにいる大人などに，（これ面白いんだよね…）という思いを込め，共感をもとめてアイコンタクトをおくるようなことが一般的な発達では起こる。この“自分”と“モノ”と“他者”と3つの関係への広がりが，共同注意行動である。なぜ子供たちが他者に共感を求めるかといわれれば，自分と他者は異なっていて違った興味関心をもっている，という信念が前提としてある。他者はそもそも自分

とは異なる存在なのだから，アイコンタクトをとってその都度確認することの喜びがあるのである。逆にこの信念が前提にない場合，他者は自分の延長であるため，自分の関心ごとのみに没頭していても一向に構わないということになると考えられる。ASD児が時々するとされる，他者の腕を自分の道具のように扱うクレーン現象も，他者を共感的対象ではなく，目的を遂行したいという道具的対象としてとらえていることのあらわれである。共同注意行動に関しては，その後の言語能力や"こころの理論"といわれるような他者の視点にたって思いや意図を理解することなどと機能的にはつながりがある。母親との愛着関係，幼児期のごっこ遊びやかくれんぼ，小学校でのグループ活動，少年時代のたわいのない仲間関係，思春期女子グループの人間関係，成人になっての集団討議の場など，ASD児者がつまずきやすいとされる各発達段階におけるシチュエーションの根幹には，乳児期から抱えている特性としての社会的コミュニケーションの苦手さがある。では，アイコンタクトや，共同注意行動，こころの理論などは，すべてのASD児が未獲得のまま成人になるのかといわれれば，決してそうではない。"モノ＞人"という図式は，決して人への興味関心が無いことを意味しない。知的障害を伴わないASD児の場合，他の定型発達児から幾分遅れる形で，一つひとつ学びながらこれらの行動を獲得していくことが多い。例えば児童期に友人関係への執着が全く見られなかったが，成人期になって趣味を共有する友人関係の楽しみや孤独の意味を知るというASD者は少なくない。定型発達児と同じ人間関係の枠にあてはめようとするのではなく，ASD児それぞれのペースで安全に学校に通いながら学べることを保障しなければならない。教育関係者は，定型発達児者とは異なるASD児者の発達ステージがあることを，よく理解しておく必要がある。社会性に焦点化した療育プログラムでも，本人のペースに合わせて周囲の環境を整え，苦手なことをかみ砕いて理解し練習し，一つひとつの行動を獲得していくという原則がベースに存在する。

4．二次障害を防ぐために

　ASD児者は，定型発達児者が自然と独力で身に着けていくような行動を，一つひとつのスキルとして時間をかけて獲得していく。教育関係者はここにエネルギーを注ぐことになる。身についている対処スキルが追い付かず，周囲との環境とのズレから失敗や挫折につながるようなことが度々みられる。セルフモニタリングが苦手で，壁にぶつかって改めて自分の特性に気付くようなことも多い。失敗体験自体は，積みかさなりすぎると本来のASDの中核症状とは別にさまざまな副次的な症状を呈することがあり，これらを総称して二次障害という。二次障害には，内向的な問題行動として，うつ，対人不安，強迫神経症，摂食障害，パニック障害，睡眠障害といった精神症状，外向的な問題行動として，行為障害，反抗性挑戦性障害などがあげられる（永井，2019）。二次障害の有無はASD児者が置かれている環境に適応ができているかを知るための重要な指標の一つとなる。二次障害が激しくなってしまった場合は，自ずと選択・遂行できる行動のレパートリーが制限されるために，ますます不適応状況を作り出すという悪循環のサイクルにはまってしまう。こだわり行動が激しくなったり，ピンチになった時に固まってしまうカタトニアといわれる緊張状態が長期化・常態化することがある。二次障害を緩和するためのアプローチとしては，主に2つが考えられる。一つは，環境調整型のアプローチである（図2－16参照）。図2－15のように，本人にとって直面する環境が大きすぎる場合は，スキルが追い付かず二次障害が出やすくなる。本人にかかる負荷を和らげるようなかかわりであり，障害特性に合わせた合理的配慮の提供，ユニバーサルデザイン化された学習環境，就学形態の柔軟な調整，課題の質・量の調整，教師との関係改善，などがこれにあたる。もう一つは，スキルアップ型（図2－17参照）のアプローチである。中核症状自体を改善することは基本的には困難であるため，後天的に学びながら獲得できるスキルを拡充することで環境への対応力を培う。アカデミックスキル，対人関係やコミュニケーションに関するソーシャルスキル，地域社会生活に関するライフスキルなどが，これにあたる。

図 2 －15　二次障害におけるスキルと環境の関係

図 2 －16　二次障害を減らす環境調整型アプローチ

図 2 －17　二次障害を減らすスキルアップ型アプローチ

　もう少し踏み込んだ内容としては，自分の気持ちを調節する，障害理解や自己理解といったセルフモニタリングスキルも含まれる。

　特別支援教育の現場では，環境調整かスキルアップかという2択ではなく，これら2つの対応を状況に応じて有効に行われなければならない。鍛えれば障害はなくなる，苦手特性を克服するといった，中核症状そのものの改善を目的とした極端なトレーニング至上主義もほとんど意味がない。また不安定な環境のまま過度にスキルアップのみを求めることは，二次障害を強めるだけである。意味のあるスキルアップには，① ASD 児本人がその意味を納得していること，② 大人との信頼関係のもとで学ぶこと，③ 実際に用いる場面を想定していることなどが，不可欠である。ASD 児が学びやすい環境・配慮を周囲の大人が提供するのは大原則であるが，過度な環境調整が支援者側のこだわりのようになっている場合もある。一定の環境でないとパフォーマンスが発揮できないという限定的な状況から，少しずつできる範囲を広げていく必要があり，そのためにはあえて環境の枠を広げる，配慮を弱めるようなことが求められることもある。学校や家族などが行っていた環境調整は，就労後には自己調整の枠組みの中で自ら雇用主に主張してできるようになることが求められる。将来の社会参加にむけて今の時点で何をしておくべきかという視点から，支援を組み立てていくことが求められる。

参考文献

本田秀夫（2017）自閉スペクトラム症の理解と支援．星和書店．

杉山登志朗・高貝就・涌澤圭介（2014）第2章　児童青年期の精神疾患　Ⅳ自閉症スペクトラム．臨床家のための DSM-5 虎の巻，日本評論社，37-42.

Wing, L. 久保紘章・佐々木正美・清水康夫監訳（1998）The Austic Spectrum 自閉症スペクトル　親と専門家のためのガイドブック，東京書籍．

伊藤大幸・行廣隆次・安永和央・谷伊織・平島太郎・村上隆（2014）発達障害児者の援助に役立つ数量的アセスメント(4)　関係の能力の測定：発達障害特性の把握(1)，アスペハート，37.

Mundy, P. (2016) *Autism and Joint Attnetion: Development, Neuroscience, and Clinical Fundamentals.* Guilford.

永井幸代（2019）小児・思春期の自閉症スペクトラム障害児の精神医学的併存障害.　小児の精神と神経，59(1)，53-81.

第10節
学習障害

1．学習障害の概念

⑴ 学習障害の定義

　学習障害（Learning Disorders / Learning Disabilities：LD）は，知的発達に遅れがなく，その他の障害や環境の影響もなく，本人の努力にかかわりなく，読み書き等の限定された学業スキルに困難があり，学業不振である状態を指す。自閉症，ADHD 等と同様に，LD は神経発達症群[1]（Neurodevelopmental

表2−7　学習障害の教育的定義・医学的定義と困難の様子

教育的定義	医学的定義		困難を示す学業スキルの内容
文部科学省＊	DSM-5＊＊	ICD-10＊＊＊	
読　む	限局性学習症	特異的読字障害	読字の正確さ，読字の速度・流暢さ，読解力
書　く		特異的書字障害	書字の正確さ，文法と句読点の正確さ，書字表出の明確さ・構成力
計算する		算数能力の特異的障害	数感覚，数学的事実の記憶，計算の正確さ，計算の流暢性，数学的推理の正確さ
推論する			
聞　く	コミュニケーション症群	受容性言語障害	言語理解と言語産出の質，語彙の量，流暢性，構文や話法の理解と使用，社会的状況での語用
話　す		表出性言語障害	

＊文部科学省「学習障害児に対する指導について（報告）」，＊＊アメリカ精神医学会「精神疾患の分類と診断の手引」，＊＊＊世界保健機関「第10回国際疾病分類（2013年改定版）」
（出所）　筆者作成

Disorders）の一つで，脳機能の非定型発達に由来する症候群である。

　文部科学省（1999）はLDを「全般的な知的発達に遅れはないが，聞く，話す，読む，書く，計算する，または推論する能力のうち特定のものの習得と使用に著しい困難を示す様々な状態」と定義した（表2－7）。また原因を「中枢神経系に何らかの障害があると推定されるものの視覚障害，聴覚障害，知的障害，情緒障害などの障害や環境的な要因が直接となるものではない」としている。例えば，読み困難のLD児は，「読む」活動に関連した脳機能が先天的に発達・熟達化しにくい特徴をもつ，と考えられる。

(2) 学習障害の発症率

　LD児は知的障害を伴わないため，多くは通常学級で教育を受けている。文部科学省（2012）によると，知的な遅れはないものの学習面で著しい困難を示す児童生徒は4.5％であった。つまり，学級に1人から2人在籍していると推定される。通常学級にはLDの他に，行動面で困難を示す児童生徒，境界域の知的水準の児童生徒等も在籍する。従って，現在の通常教育では，特別支援教育的な観点や指導法を通じて，効果的な教育を行うことが必要なのである。

　また日本の小学生を対象にした調査では，「読む」LDはひらがな0.2％，カタカナ1.4％，漢字6.9％，「書く」LDはひらがな1.6％，カタカナ3.8％，漢字6.1％であった（Uno et al., 2009）。一方，文字と音の対応が不規則な言語体系である英語圏では，LD児は15％程度とされ日本より多い。つまり，LDは子供の使用する言語体系の影響を受けると考えられている。

　先天的にもつLDが軽度の場合，日本語では本人の努力でLDを覆い隠す一方，アルファベットや英語学習等特定の活動でLDが生じる可能性がある。近年では外国籍や帰国子女等，多様な言語背景をもつ子供がいる。子供の学習を下支えする「聞く」「話す」「読む」「書く」「計算する」について，教員は専門家と連携しながら，効果的な指導法を研究・実践することが重要である。

⑶ 学習障害と合併症状

　二次障害を含め LD 児の約60％に合併症状がある（Margari et al., 2013）とされる（表2−8）。

　学校では読み書き等の学業スキルを前提に授業が進むため，LD 児は絶えず緊張状態であり，失敗や叱責・嘲笑等の体験をする。結果として，自己肯定感が低下し，不安症や抑うつ障害といった精神的な問題をきたす場合がある。不登校の要因でも，学業不振を理由とする児童生徒は小学校14.0％，中学校21.8％であり（文部科学省，2018），なかには LD に対する十分な教育的支援を受けられなかった児童生徒もいると考えられる。

２．学習障害のある子供の理解

　LD 児は，困難のある領域で通常１〜２学年以上の遅れがある。本項では，LD の中核である「読む」「書く」の困難について概説する（表2−9）。

表2−8　学習障害と合併しやすい症状の一例

症　　状	合併症状の特徴
ADHD	不注意，衝動性，聴覚的ワーキングメモリの弱さ，実行機能の弱さ等
自閉症	言語理解の弱さ・偏った言語理解，他者視点や共感にもとづく読解の苦手さ等（弱い全体性統合，心の理論）
発達性協調運動症	手先の不器用さ，視覚と運動の協応運動の弱さ，手書きの苦手さ・手書きの回避等
不安症	自己肯定感の低下，過度に依存的になる，人を避ける，孤立を理由に社会的参加を拒否する等
抑うつ障害	自己肯定感の低下，食事や睡眠に困難がある，気分の落ち込み，物事への興味・楽しみの減退

注）ADHD，自閉症，発達性協調運動症については，LD と特に関連する特徴を示した。
（出所）　筆者作成

表2−9　「読む」「書く」の学習障害を示す子供の主な特徴

読む	正確性：読み誤り，当てずっぽうな読み，新出語彙や特殊音節の読みが苦手	
	流暢性：たどたどしい，文中の語句や行を読み飛ばしたり繰り返したりする	
	理解面：音読すると理解が難しくなる，要点を覚えられない・まとめられない	
	心理面：疎外感や劣等感，自己肯定感の低下，音読やリレー読み等への忌避感	
書く	正確性：漢字を思い出せない，似た形・音・意味の漢字と間違う，バランスが悪い	
	書字速度：書字速度が極端に遅い，思い出すのに時間がかかる	
	文章表現：助詞等の使用を誤る，考えた内容を書いて表現することが難しい	
	心理面：疎外感や劣等感，自己肯定感の低下，板書・作文や漢字練習等への忌避感	

注）「正確性」と「速度（流暢性）」が1〜2学年遅れている場合，LDによる著しい困難があると考える。
（出所）　筆者作成

(1) 読みの障害

　読字障害，失読症・難読症，ディスレクシア（Dyslexia）等と呼ばれる。英語圏ではディスレクシアであることを公表している著名人も多い。「読む」LDは，音読における速さ（流暢性）と正確さの2つの観点で評価される。努力を要してゆっくりと読む，当てずっぽうな読みが多い等の様子がみられる。適切な支援がない状態が続くと，音読練習やリレー読み等音読全般に忌避感を示す場合がある。なかには教科書の該当箇所を暗唱することで，実際には読まずに音読をやり過ごそうとする子供もいる。

(2) 書きの障害

　書字障害，ディスグラフィア（Dysgraphia）等とも呼ばれる。「読む」LDやADHD，発達性協調運動症を併せ持つ場合が多い。「書く」LDは，書字の正確さや速さ，文章表現で評価される。文字を思い出せない，似た形の文字と間違える，字形を整えて書くことが難しい，独自の筆順で書く，作文等自分の考えを書字表出することができない等の様子がみられる。時間とエネルギーをかけるとある程度きれいに書くため，小中学校では丁寧でないと誤解されやす

い。しかし，学習時間全てで会心の書字を行うことは不可能であり，LD児は疲れきってしまう。また丁寧に書くと，意味が記憶に残らない，時間がかかり板書が終わらない等の問題を示す子供もいる。

⑶ トライアングル・モデルからみた「読み書き」の障害

「読む」活動を考えるうえで，有用なモデルの一つがトライアングル・モデル（Seidenberg & McClelland, 1989）である（図2−18）。このモデルは文字・音韻・意味の3つのユニットから構成される。言語発達的に，最初は聴覚入力された言葉に対し音韻ユニットが活性化し，ネットワークを通じて意味ユニットとの連合が生じる。文字の学習が始まると，視覚入力された文字に対し文字ユニットが活性化し，文字ユニットはネットワークを通じて音韻ユニットを活性化させるよう連合が生じる。また同時に文字ユニットと意味ユニットとの連合も生じることで，意味のある文字のまとまり，即ち単語として処理できるようになる。

「読む」LDでは，文字ユニットと音韻ユニットを繋ぐネットワーク，音韻経路が十分に発達していないことが指摘されている（Snowling, 2008）。音韻経路の障害によって，流暢な文字−音変換が難しい「読み」の困難が生じる。そのため，単語と意味のイラストをペアで覚える等，意味ユニットに迂回する指導が実践されている。さらに，文字ユニットにおける視覚情報の分析に困難を示す場合も指摘されており，より実践的な二重経路モデルを用いた支援が検証

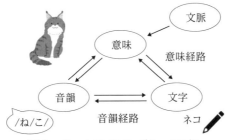

図2−18　トライアングル・モデル
(出所)　Seidenberg & McClelland（1989）をもとに作成

されている。

　またトライアングル・モデルから「書く」活動を考えることもできる。文章を書く際，意図や意味を考え（意味ユニット），心の中で声に出し（音韻ユニット），形をイメージして（文字ユニット），書字運動を行っている。従って，音韻経路や文字ユニットに障害のある場合，文字の想起をつまずくと考えられ，「書く」困難が生じる。事実，「読み書き」両方に困難を示す子供が多い。

3．学習障害の教育的支援

(1) 学習障害と支援の階層性―RTI モデル

　LD 児は通常学級で生活するため，支援のスタートは通常学級における質の高い効果的な指導である。通常の教育で十分な効果を得られない場合，LD 児の支援はより個別化する必要がある。教育的介入の効果が小さい子供に対し段階的に個別的な支援を増やしていくアイディアを RTI（Response to Intervention，教育的介入に対する子供の反応）モデルと言う（図2－19）。

　RTI モデルの第1層では，LD の兆候を示す子供に対して，効果が実証され

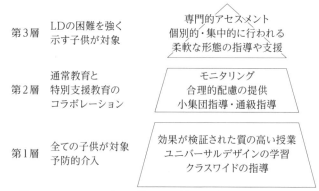

図2－19　RTI モデルに基づいた学習障害のある子供の支援

（出所）　筆者作成

ている学級全体での介入を実践する。例えば，ユニバーサルデザイン（Universal Design：UD）化された授業展開や環境調整，クラスワイドでのタブレット等の ICT（Information and Communication Technology）活用等がある。第1層の介入効果が乏しい子供を対象に，第2層の通常学級内における補足的な介入が行われる。第2層では LD 児のニーズに対応するため，実態に応じた合理的配慮の提供が行われる。例えば，指導や教材の工夫，課題の作業時間や量・作業方法の選択，通級指導や取り出し等による個別指導や小集団指導等を行う。そして，モニタリングの結果第2層までの介入でも効果が乏しい子供に対して，第3層の個別的・集中的な指導・支援を行う。第3層では従来の特別支援教育と同様に，アセスメントに基づき柔軟な形での介入を行う。

　RTI モデルに基づく支援は，LD や学業不振が明らかになる前段階から予防的に介入することができる。LD 児にとって，RTI モデルは「障害」という診断がなくても学習しやすい学校生活をもたらす。また教員にとっても，自身の教育方法の効果をモニタリングすることで「子供のニーズにあった指導法」という認識と教育実践の PDCA（Plan-Do-Check-Action）サイクルを促進すると考えられる。

⑵ 通常学級全体に対する質の高い教育―学習のユニバーサルデザイン化

　RTI モデル第1層の支援として学習の UD 化がある。理解を促す UD 化として，授業目標を明確にする「焦点化」や「スモールステップの展開」，子供のイメージを助ける目的でイラスト等を用いたり，口頭指示の確認目的で指示の板書を行ったりする「視覚化」等が一般的である。また座学よりリズム動作や活動を通じた方が理解しやすい子供もいるため，「身体化」の活用等もある。環境調整には，学習の妨げになる可能性のある黒板周りの掲示物，教室内外の騒音を減らす「刺激量の調整」や場所と活動の対応を明確にする「場の構造化」等がある。子供が安心して学級生活を送れるよう，「ルールの明確化・明文化」や授業時間内や一日の見通しをもたせる「時間の構造化」も有効である。いずれも教員側の物理的・時間的準備は少なく，自分の授業展開や学級経営に

UD の観点を意識することから始められる。

⑶ 個別のニーズに合わせた教育―合理的配慮の提供と個別の支援・指導

　RTI モデル第2層の支援として合理的配慮の提供を行う。2016年の障害者差別解消法により学校における合理的配慮の提供が義務づけられた。専門機関の情報提供や実態把握，指導の記録に基づき，合理的配慮の内容を検討する。文字の拡大やルビふり，補助プリントやマス目付き用紙の活用，理解度を個別に確認する，提出期間や提出方法の調整，支援員の加配，試験時間の延長等多岐にわたる。

　合理的配慮でも効果が少ない場合，第3層支援として，より個別のニーズに対応した指導に進む。第3層では知能検査等の専門的なアセスメントにもとづき，子供にあった目標を定め，個別の支援・指導を計画し，目標達成に必要な手立てを実施する。

　第2層・第3層の配慮・支援には，LD 児のニーズや障害の程度，校内リソース等を鑑み，校内外の専門家や保護者と連携・協力しながら進める必要がある。事例に合わせて「個別の指導計画」「個別の教育支援計画」を作成し，保護者や関係機関と情報共有し，継続的な支援体制の構築と実施を目指す。

　また「特別扱い」の感覚をもつと，LD 児は「支援を受けることが恥ずかしい」，「自分はズルをしている」と感じ，必要な支援を自ら拒否する場合がある。例えば，「書き困難」の LD 児の板書負担を減らす目的で補助プリントを用いる場合，対象の子供だけに補助プリントを配布すると失敗しやすい。むしろクラスワイドに実施し，板書か補助プリントかを子供が自分で選択できるようにした方が望ましい。クラスワイドに実施すると，LD 児に加え，軽微のニーズをもつ子供の配慮にもなる。通常学級において個別の支援を行う場合，教員は「学級全員が一人ひとり効果的な学習方法が異なることを理解し，同じ時間・空間内で異なる学習方法を選択できることを認める」学級経営を行うことが大切である。

⑷　デジタル教科書やパソコンの利用—ICT 活用

　2019年の学校教育法改正で，LD のある子供のためにデジタル教科書の併用が制度化された。また合理的配慮の提供には，手書きに代わるパソコン等のICT 活用も含む。しかし，ICT 機器を用意するだけでは LD は解決しない。LD を緩和するために，教員が効果的な使い方を指導する必要がある。例えば，音韻経路の問題に読み上げ機能，視覚処理の問題にハイライトやズーム機能といったニーズに合わせた利用方法を指導することが考えられる。また，なかにはICT 活用よりもアナログ的な指導を好む子供もいる。そのため，学習しやすい方法について，対象となる子供と相談しながら，選択を尊重することが重要である。

⑸　二次障害の予防—LD のある子供に寄り添う

　LD 児は，抑うつや不登校等の二次障害が生じやすい。二次障害は，周囲のLD に対する理解不足，不適切な指導，本人の自己理解，進路選択や社会的評価等によって生じる。従って，LD 児の支援の第一歩は，教員がLD という障害やLD に由来する葛藤について理解・共感することである。そのような教員に支えられた子供は，安心して学習できる場所として学校で適応的に過ごすことができると考えられる。また苦手な読み書き等の補充的指導だけでなく，LD 児の長所となる分野，活動，興味等を教室で発揮できるような長所活用型のかかわりが望まれる。

注

1　知的障害や発達障害が，脳神経系の発達の問題であることを強調するため，DSM-5 では「神経発達症群」として表現されている。

引用文献

Margari, L., Buttiglione, M., Craig, F., Cristella, A., de Giambattista, C., Matera, E., Operto, F., Simone, M.（2013）Neuropsychopathological comorbidities in learning disorders. *BMC Neurology,* 13:198.

文部科学省（1999）学習障害児に対する指導について（報告）.

文部科学省（2012）通常の学級に在籍する発達障害の可能性のある特別な教育的支援を必要とする児童生徒に関する調査結果について.

文部科学省（2018）平成29年度児童生徒の問題行動・不登校等生徒指導上の諸課題に関する調査結果について.

Seidenberg, M. S. & McClelland, J. L.（1989）A distributed, developmental model of word recognition and naming. *Psychological review,* 96(4), 523-568.

Snowling, M. J.. 加藤醇子・宇野彰監訳（2008）ディスレクシア読み書きのLD 親と専門家のためのガイド，東京書籍.

Uno, A., Wydell, T. N., Haruhara, N., Kaneko, M. & Shinya, N.（2009）Relationship between reading/writing skills and cognitive abilities among Japanese primary-school children: Normal readers versus poor readers (dyslexics). *Reading and Writing,* 22, 755-789.

第11節
注意欠陥多動性障害

1．注意欠陥多動性障害（ADHD）とは

　注意欠陥多動性障害（Attention-Deficit Hyperactivity Disorder：ADHD）は，日常生活や学習，就業などにおいて影響を及ぼすほどの不注意，多動性－衝動性，あるいはいずれかの症状の存在によって定義され，小児期にその特徴が明らかとなる神経発達障害の一つである。

2．注意欠陥多動性障害の定義

　文部科学省は，注意欠陥多動性障害を以下のように定義している。

> 　年齢あるいは発達に不釣り合いな注意力，及び又は衝動性，多動性を特徴とする行動の障害で，社会的な活動や学業の機能に支障をきたすものである。また，7歳以前に現れ，その状態が継続し，中枢神経系に何らかの要因による機能不全があると推定されている。
> （出所）　文部科学省（2003）「今後の特別支援教育の在り方について」（最終報告）3月，参考資料より

　一方，近年では，医学的な定義の改定により，DSM-5（アメリカ精神医学会による精神疾患の診断マニュアル）の「注意欠如多動性障害／注意欠如多動症」という定義および基準が用いられるようになってきた。本書では，DSM-5の定義も含めながら，文部科学省および発達障害者支援法（「この法律において『発達障害』とは，自閉症，アスペルガー症候群その他の広汎性発達障害，学習障害，

表2－10　注意欠陥多動性障害の特徴

基本的特徴 ・機能また発達を妨げるほどの，不注意または多動性－衝動性の持続的な様式である **不注意** ・細部への注意が困難であったり不注意な間違いをしたりする ・注意を持続させることが難しい ・話を聞いていないように見える ・課題をやり遂げることが難しい ・順序立てて課題や活動を行うことが難しい ・集中して努力し続けなければならない課題を避ける ・気が散りやすい ・忘れ物や，ものをなくすことが多い ・忘れっぽい **多動性・衝動性** ・椅子の上でそわそわ動いたり，手足を動かしたりする ・座っていられずに席を離れる ・じっとしていられずに走り回ったり，高い所へ登ったりする ・しゃべりすぎる ・質問が終わる前に答える ・順番を待つことが難しい ・会話やゲームなどで割り込んだり，邪魔したりする

（出所）　文部科学省及びDSM-5の診断基準を参考に作成

注意欠陥多動性障害その他これに類する脳機能の障害であってその症状が通常低年齢において発現するものとして政令で定めるものをいう。（第2条）」）で現在使用されている用語である「注意欠陥多動性障害」と表記する。

　表2－10に，注意欠陥多動性障害の特徴について文部科学省およびDSM-5の診断基準を参考にまとめた。

　文部科学省（2003）は「今後の特別支援教育の在り方について（最終報告）において，「基準に該当する場合について，教育的，心理学的，医学的な観点からの詳細な調査が必要である」としている。他にも，これらの，機能または発達を妨げとなっている不注意，多動性―衝動性の特徴が6ケ月以上持続していること，その程度は発達の水準に不相応で，社会的および学業的／職業的に直接，悪影響を及ぼすほどであること，家庭や学校，職場などの2つ以上の場所でその症状が現れること，それらの症状が明らかに日常生活上の困難やその

質を低下させていること，他の精神疾患ではうまく説明できないことなどが明記されている。なお，文部科学省の定義では，不注意，多動性，衝動性の内のいくつかが7歳以前に存在しており，社会生活や学校生活を営むうえで支障があると定義されているが，最新の診断基準であるDSM-5では，12歳以前に引き上げられた。

3．注意欠陥多動性障害の原因

　注意欠陥多動性障害は，自分の注意や行動をコントロールする脳の働きである行動抑制の障害であり，実行機能の偏りが関係していると考えられている。その特性は遺伝的要因と環境要因とが相互的に関与して形成されるため，養育態度や家庭環境など後天的なものではなく，先天的な脳の機能障害であると考えられているが，詳しい原因はまだわかっていない。

4．注意欠陥多動性障害のある子供の実態と必要な配慮

　表2−10で示したように，注意欠陥多動性障害のある子供は，落ち着きがなくじっとしていられない，物音などの刺激に反応して注意がそがれやすい，会話や遊びに割って入る，忘れ物やなくし物が多い，片付けが苦手など，自分の行動をコントロールしたり周りの状況を適切に把握したりすることに苦手さがある。日々の支援の中で，気になる場面があった場合にその子供の様子をよく観察し状態像を把握することが，早い段階での気づきにつながる。

⑴　注意欠陥多動性障害のある子供への支援

　注意欠陥多動性障害のある子供への支援方法については，教育的，社会的，心理的，医療的アプローチなど，さまざまな方法が存在する。これらのアプローチを，年齢や成育歴，性格，発達段階，家族構成，環境要因などを考慮しながら，単一ではなく，包括的な視点で支援する必要性が指摘されている。

① 心理・社会的アプローチの方法

a．行動療法

　行動療法とは，適切な行動の積み重ねを増やすことにより，不適切な行動の減少を目指す方法である。内容は，不適切な行動の意味や，子供が何を訴えたいのかを考え，次に不適切な行動に代わる望ましい行動（目標）と望ましくないが悪くない行動（目標）を決める。さらに望ましい行動ができ，不適切な行動を起こさない対応を考える。そして望ましい行動はたくさんほめ，悪くない状態やできていることをほめるというものである。不適切な行動の中でもして欲しくないこと（軽微な問題）は，ルールを繰り返し言うなど，消去手続きにより不適切な行動の低減を図る。許しがたい行動（重大な問題）には教育的罰（タイムアウトなど，活動や権利の制限）を用いる。また，注目をはずす（意図的に無視する），しばらく待って，望ましい行動が出たら，すかさずほめることも必要である。望ましい行動とは，こうなってほしいという願望ではなく，今できている行動でよいと思われる行動である。その行動に対して，支援者は具体的に肯定的な注目を行う。肯定的注目とは，一般的にはほめることであるが，はげますこと，認めること，感謝すること，笑顔を返すことなども肯定的な注目となる。増やしたいと思う行動に肯定的注目を与えると，子供はいっそう頻繁にその行動をするようになる。

　支援者は，望ましい行動に対しては当たり前のこととして注目を払わないことが多く，望ましくない行動と，許しがたい行動の区別をしないで叱ったり，罰を与えたりしてしまうことがある。このように行動を3種類に分けるという視点を入れることによって，客観的に子供をみることができるようになる。また，一貫した態度をとることで，子供はどのような態度をとったらよいのか，どのような行動をとったらいけないのかが明確に理解できるのである。

　子供は，望ましくない行動をして叱られる否定的な注目でも得たがることがある。この，「注意引き」に反応し続けると，子供はこのやり方を強化していき，ますます叱られる悪循環の環境を促進してしまう。支援者は，どうしても不適切な行動に目が行きがちになるが，子供の今できていることを積極的に認

める必要がある。一方，ルールを決めたらルールに従い，毅然とした態度で対応するということも重要である。

b．ソーシャルスキルトレーニング

　必要なソーシャルスキル（集団参加行動，言語的・非言語的コミュニケーション，自己コントロール，自己・他者認知などのスキル）を学ぶプログラムである。ソーシャルスキルとは，状況に応じた適応行動や適切な対人行動の技能を指す。小グループでの活動を通してルールを守ったり自分の気持ちを伝えたり，他者に対して挨拶をしたり，他者の話を聞く，気持ちを察するといった，その子供に必要と考えられるソーシャルスキルの獲得を目指す。

c．感覚統合療法

　発達障害のある子供の中には，触覚，前庭感覚，固有覚などの感覚系と視覚や聴覚などの認知系とを介した内外からの情報を脳内でうまく統合することができないために，環境への適合反応に困難を生じている場合がある。感覚運動訓練を通して，自分の身体の使い方や，身体イメージの向上が図られる。いつも身体のどこかが動いてガタガタしていた子供が，訓練を通して落ち着く場合もある。

　その他にも，カウンセリングや遊戯療法，言語療法など専門職による介入がある。

② 教育的アプローチの方法

a．環境調整

　子供の生活環境から不要な感覚刺激を減らし，目的や課題に集中しやすい構造や枠組みの明らかな空間をつくることを環境調整という。また，担任の教師が問題を一人で抱え込まず，適宜子供の問題に応じて校内委員会をもつ，教育相談センターなどに相談する，医療機関や児童相談所などの専門家と連携することも環境調整の一つであり，重要である。

b．園や学校における具体的支援の方法

〈注意を集中し続けるための指導〉

・注意の集中時間はどのくらいか，教科や活動による違いはあるのかなど，困

難の状況や要因を明らかにする。

- 一つの課題をいくつかの段階に分けるスモールステップで行うようにする，スケジュールを示すなどして視覚的に課題の見通しを確認できるようにする。
- 集中時間にあわせた働きかけを行いやすくするため，座席を一番前の教師の近くにする，窓側を避けるなどの，集中しやすい学習環境を整えるように配慮する。座席が教師の近くでない場合には，教師が説明しながら教室内を動き回り，子供の集中時間にあわせて声をかけたり，質問をしたりして，注意のリセットを行う。
- 子供の集中時間にあわせて，教室の後ろから物を持ってきてもらう，プリントをみんなに配る手伝いをしてもらうなど，動いてもよい環境を作る。子供の状態が不安定なときは，用事を依頼して保健室に行かせるなどする。

〈指示に従い，課題や活動をやり遂げることが困難な場合〉

- 指示の内容が理解できていないのか，課題や活動の取組の方法がわからないのか，その要因を明らかにする。
- 視聴覚教材や模型・実物などを使いながら，指示の内容をわかりやすくする工夫や，子供の興味を引き出す工夫を行う。子供ができる課題を最初に用意したり，子供が興味をもっている事柄と関連させたりすると興味を引き出すことができる。
- 子供の集中時間にあわせた課題を与える。15分しか集中できない子供を45分集中させようとするのではなく，15分間の集中を3つにし，どのようにつなげるかを考える。子供が集中できる時間内にできる課題内容や分量を考えたり，集中時間にあわせて課題内容を変えていくといった工夫も有効である。
- わからないときには助けを求めることができることを指導する。

〈気が散りやすい場合〉

- 黒板のある壁にいろいろな掲示物を貼らない，時計は教室の後ろの壁にかける，本棚などはカーテンをつけて中が見えないようにするなどして，余計な刺激をできるだけ少なくする
- 板書は短いキーワードで行う。箇条書きにする，あるいは大切なキーワード

だけを，行の間隔を十分にあけて書く。行の頭に○印や△印をつけたり，モチーフのカード（花や動物など）を貼るなどして，「先生が今説明しているのは○印のところだよ」というように説明する。

〈忘れ物やなくし物が多い場合〉

- 興味のあるものとないものによって違いがあるのか，日常的に行うものとそうでないもので注意の選択に偏りがあるのかなど，その実態を把握する。
- その子供に合ったメモの仕方を学ばせ，忘れやすい物を所定の場所に入れることを指導するなど，決まりごとを理解させ，その決まりごとを徹底することにより，定着を図る。

〈順番を待ったり，最後まで話を聞くのが困難な場合〉

- 指示や決まりごとを理解しているのか，または理解しているが行動のコントロールができないのかなど，その要因を明らかにする。
- 指示や決まりごとの内容と意義を理解させ，その徹底を図る指導を行う。その際，例えばロールプレイを取り入れ，相手の気持ちを考えることや，何かやりたいときに手を挙げたり，カードを提示させたりするなどの工夫をする。
- 待たなければならないときには飽きない工夫をする。ただ我慢するのではなく，何のために我慢するのか，どれくらい我慢するのかのような見通しをもたせるだけでも不安や嫌悪感を和らげることができる。
- 何かやることを用意する。例えば，5分計の砂時計を見せて，「この砂が全部下に落ちたら先生に教えて」など，短時間で終わる，単純なものが望ましい。

5．保護者との連携

注意欠陥多動性障害のある子供を支援するうえで，学校，保護者，保健，福祉，医療等の関係機関が連携し，協力し合うことは非常に重要である。それぞれの情報を共有し，同じ認識をもつことで，改善すべき点がみえてきたり，周囲の大人たちが協力しあったりすることで，子供にとってもよりよい環境をつ

くることができるため，学校での状況と家庭での様子を保護者と情報交換する時間をもつ必要がある。

　また，近年，保護者のためのプログラムとして，「ペアレントトレーニング」が自治体等で実施されている。保護者が注意欠陥多動性障害のある子供への理解を深め，家族間の悪循環を絶ち，より円滑に日常生活を送ることができるように具体的な対処法を手に入れるためのものであり，子供に対する具体的なかかわり方を定期的なグループワークなどを通して学び，肯定的な指示と評価を積み重ねていく。このような，支援方法の資源に関する情報提供を行うことも重要である。

参考文献

文部科学省（2003）「今後の特別支援教育の在り方について」（最終報告）

第12節
重度・重複障害

1．重度・重複障害の概念

⑴ 重複障害の定義

① 重複障害とは
　重複障害とは複数の障害を併せ有することをいう（木舩，2015）。

② 学級編成上の重複障害と教育課程編成上の重複障害
　学校教育施行令第22条の 3 に規定する種類および程度の 5 障害（視覚障害，聴覚障害，知的障害，肢体不自由，病弱）を 2 以上併せ有する場合を「学級編成上の重複障害」という。この場合，特別支援学校小・中・高等部共通に 1 学級当たり 3 人を標準としている（「公立義務教育諸学校の学級編制及び教職員定数の標準に関する法律（義務標準法）と「公立高等学校の設置，適正配置及び教職員定数等の標準に関する法律（高校標準法）」において規定）。これに対して，教育課程を編成する上では，学級編成上の重複障害の場合だけでなく，学校教育施行令第22条の 3 に規定する種類および程度の障害に，言語障害，情緒障害，自閉症，LD，ADHD 等を併せ有する場合を含めることができ，「教育課程編成上の重複障害」という（木舩，2015）。

⑵ 重度・重複障害の定義

　重度・重複障害とは次の 3 つの場合をいう（「特殊教育の改善に関する調査研究会（文部省，1975)」)。

a．学校教育法施行令第22条の3に規定する障害（視覚障害，聴覚障害，知的障害，肢体不自由，病弱）を2つ以上併せ有する者。

b．発達的側面からみて，精神発達の遅れが著しく，ほとんど言語をもたず，自他の意思の交換および環境への適応が著しく困難であって，日常生活において常時介護を必要とする程度の者。

c．行動的側面からみて，破壊的行動，多動傾向，異常な習慣，自傷行為，自閉症，その他の問題行動が著しく，常時介護を必要とする程度の者。

　具体例として，bは重度の知的障害を有する場合，cは重度の行動障害を有する場合が考えられる。

⑶ 重症心身障害の定義

① 重症心身障害とは

　重症心身障害とは重度の知的障害および重度の肢体不自由が重複している状態像をいう（児童福祉法第7条第2項）。福祉行政上の用語である。大島分類（図2−20）1～4に該当する（IQは35以下，運動機能は座位までに制限されている状態）。

② 動く重症心身障害とは

　定義上の重症心身障害には該当しない，大島分類5，6，10，11，17，18に該当する重度知的障害児のことを動く重症心身障害児と言う。

					IQ
21	22	23	24	25	80
					70
20	13	14	15	16	50
19	12	7	8	9	35
18	11	6	3	4	20
17	10	5	2	1	0
走れる	走れる	歩行障害	座れる	寝たきり	

図2−20　大島分類

⑷ 超重症児の定義

　超重症児とは重度の肢体不自由と医療依存の高い状態像をいう。呼吸・栄養・排泄等の基本的な生命活動を気管カニューレ，人工呼吸器，経鼻咽頭エアウェイ，吸引器，吸入器，栄養チューブ，導尿カテーテル等の医療機器器具の支えにより維持している。近年，医療の進展を背景に，超重症児を含む日常生活において医療が必要な子供（医療的ケア児）が増加している。重症心身障害のある医療的ケア児は少なくない。

⑸ 盲ろう（盲ろう二重障害）の定義

　盲ろうとは視覚と聴覚の障害が同時に生じる状態をいう。欧米では，日本と違い，盲ろうは「独自の困難と教育ニーズをもつ障害」とされ，重複障害のカテゴリーから独立させて専門性の高い教育や福祉が施されている。盲ろうは情報摂取における制限（情報アクセスの困難）によってコミュニケーションと移動に深刻な困難が生じることを根本的困難とし，視覚障害教育と聴覚障害教育の両方の対処を受けたとしても十分ではない独自の障害とニーズがある。「全盲ろう」「盲難聴」「弱視ろう」「弱視難聴」に分類される（土谷，2015）。
　以下，紙幅の関係から，重症心身障害児を中心にして述べる。

2．重症心身障害児の理解

⑴ 重症心身障害の原因

　原因はさまざまで，図2−21の通りである（平元，2015）。

⑵ 重症心身障害児の状態像

　① 健康：体温調節が上手くできなかったり肺炎や気管支炎に罹患しやすかったりする。てんかんを有する場合も多い（60〜70％）（栗原，2015）。

(a) 低酸素または仮死等の分娩異常（21.54%），(b) 特殊型，その他の出生前原因（13.66%），(c) 髄膜炎，脳炎後遺症（8.74%），(d) てんかん後遺症（6.50%），(e) 低出生体重児（6.40%），(f) 染色体異常症（5.04%），(g) 原因，発生時期とも不明（3.78%），(h) 脳外傷後遺症（3.26%），(i) その他の外因によるもの（2.91%），(j) 原発性小頭症（2.49%）

図2－21　重症心身障害の原因

　② 姿勢・運動：未定頸の場合も多い。臥位姿勢が多く座位や手足の動きの困難があったりする。原始反射の残存や筋緊張障害，二次障害として脊柱側彎や股関節脱臼，胸郭変形，上・下肢の拘縮変形がみられたりする。

　③ ADL（日常生活動作）：全般に介助が必要である。食事は刻み食やペースト食等の形態も少なくない。経口摂取が困難で経管栄養の子供も多い。

　④ 周囲との相互交渉：周囲に働きかける行動に乏しかったり，働きかけても反応が返ってこなかったりすることが少なくない。

　⑤ コミュニケーション：音声理解および意思表出の困難性が大きい。

　以上 ①～⑤ から，身体虚弱や病弱の場合も多く，健康の保持・増進が重視される。褥瘡・側彎等の予防および呼吸・血液循環等の基礎的身体機能の維持・促進のため体位交換等が重視される。骨折や誤嚥への注意も必要である。

3．重症心身障害児に対するかかわり方・支援の在り方

(1) 支援を通してめざされること

　松田（1992）は，「健康を保持・増進すること」「基本的な感覚・運動機能を高めること」「日常生活の基本動作を高めること」「生活経験を豊かにすること」「コミュニケーションを広げること」をあげている。

(2) かかわり方の原則

　生き生きとした活動が見られればそれがより一層進展する方向に，活動の滞りが見られれば生き生きとした活動が展開できる方向に，また混乱した状況に

あれば以前の状態に回復する方向に，子供が自己の行動を調整するようにかかわる（川住，1988）。

⑶　かかわり方の基本姿勢

　教師のかかわり方として以下の姿勢が基本的に重要である。

ａ．子供が安心感をもって学習・生活できるようする（松田，1997）

ｂ．子供のペースで活動を進めることを基本とする

ｃ．子供の意向（「ノー」を含む）を尋ねながら活動を進める（松田，1992）

ｄ．子供にわかるよう伝える

ｅ．子供が活動の見通しをもてるよう予告する（中澤，2017）

ｆ．子供の視線や表情，動作や姿勢等の動きをしっかり見る（見落とさない）・子供の動きから意思を丁寧に読み取る（松田，1997）

ｇ．子供が興味・関心を持って楽しめたり集中して取り組めたりする教材・活動を見出す・重視する

ｈ．子供にできることや自発する動きを見出す・重視する（川住，1988）

ｉ．子供が自力で取り組めるような状況を設定する（取り組みやすい姿勢や身体部位等に配慮する）

ｊ．コミュニケーション支援を一貫した方針で継続する

⑷　教育的かかわり合い・支援の活動場面の実際

　以下，教育的かかわり合い・支援の活動場面の実際の様子について，「３．⑶　かかわり方の基本姿勢」と関係づけて述べる。

①　例１：安心感のある場面とない場面（⑶のａが関係する）

　Ｈさん（特別支援学校高等部）から，母親同席の状況では積極的に活動に取り組むにもかかわらず，母親が席を外した途端，取り組まないという姿が観察された。Ｙ先生は，母親不在の状況がＨさんを不安にさせたためであると考えて，ＨさんがＹ先生と一緒にいて安心して過ごせるようになるよう信頼関係作りに努めた。その結果，このような姿は見られなくなった。

　重症心身障害児の場合，自分の置かれた場所が馴染みの場所でなく居心地が悪いと極端に行動が発現し難くなることが少なくない（松田，1997）。一緒にいる人が馴染みの人でないことも居心地の悪い場所にすることにつながる。安心感を学習・生活の前提として重視する必要がある。

②　例2：食事の場面　（(3)の b，c，d，e，f が関係する）

> 　S先生が座位保持装置に座っている盲を併せもつA君（7歳）に昼食のトマト煮（ペースト食）を数口食べさせた後の場面である。S先生はスプーンに盛ったトマト煮をA君の口元に運んで「食べますか」と聞く。さきほどまでと違い，A君は口を動かさない。そこで，S先生はバナナをA君の口元に近づけて「バナナだよ」と言ってすり潰す（臭いを嗅がせての打診）。A君の口が動きだす。S先生は「バナナが食べたいんだね」と言ってA君の口にバナナを運ぶ。A君はパクパクと食べる。（芳野（2020）から）

　S先生はA君の視覚障害に配慮して，食べ物の臭いを嗅がせて食べるか否か打診したり次の食べ物が何なのか予告したりしながら昼食を進めている。A君の口の動かし方をしっかりと見て，A君の意思を読み取っている。こうして，A君の意思が尊重される豊かな昼食の時間が実現している。

③　例3：教材を使った活動場面1　（(3)の g，h，i が関係する）

> 　盲を有する四肢麻痺のB君（特別支援学校中学部）。筋緊張のため，座位保持装置に座るB君の両上肢は脇を締めた（上腕が体についた）ような形で屈曲し，同時に両手は手掌が下にくる形で屈曲している（上肢内転・回内，肘・手首・手指屈曲の姿勢）。S先生は，B君の両手がその姿勢で上下に僅かに動くことに着目して，ビックマック（録音した音の鳴る教材）を，スイッチ部がB君の左手（の甲側の拇指以外の4指）当たるようテーブル上（座位保持装置の設定してある）に設定した（左手はスイッチ部に触れている。僅かに下に押せばオンになる）。すると，B君の左手が僅かに上下する（オンになり音が鳴る）。音が鳴り止むと，再びB君の左手が上下する（オンになり音が鳴る）。

　S先生は，B君が物に働きかけることができるよう「興味・関心のある活動」「僅かな動きで応答する教材」「取り組みやすい姿勢・身体部位」等に配慮した「自力で取り組める状況設定」をしている。B君に「できること」や「自発す

る動き」を見出し，一層活発化したり目的的な動きになったりするよう援助している。重症心身障害児は生活の多くの場面で受け身の状態に置かれがちであり，生活の能動性を育むような活動が重視される必要がある。

④ **例4：教材を使った活動場面2（(3)のiが関係する）**

> Ｉさん（特別支援学校小学部）は授業中，眠ることが多く座位や仰臥位では手で物に働きかける動きが見られなかった。Ｍ先生がＩさんを右側臥位姿勢にして左上肢を教材（タブレット端末等）に置く。すると，教材に働きかける動きが活発に見られるようになった。

「取り組みやすい姿勢」の重要性を示している。「定頸の困難な子供の手操作を促そうとする場合，子供によっては自分で体を支える（姿勢維持）負担の少ない姿勢の方が座位等の抗重力姿勢よりも適している」（進，1995）。

⑤ **例5：コミュニケーション（受信行動）の場面（(3)のdが関係する）**

> (i) Ｙ先生は，Ｈさん（特別支援学校高等部）に「ドミノ倒しをしますか」と音声で尋ねるとき，応答がいつも返ってこないことから，ドミノ倒しの駒を並べて見せて尋ねてみた。すると，Ｈさんから応答が見られるようになった。
> (ii) Ｍ先生は全盲のＲ君（10歳，周辺重症児）に教室から畳の部屋への移動を伝える手段として切り取った畳の一部（縦5×横5×高さ1〈cm〉）を用いて伝えるようにした。すると，これまで見られた移動の滞りが解消した。（芳野（2020）から）

具体物やその一部（iiに例示），身振り，写真，絵，文字，VOCA（音声出力会話補助装置）等，一人ひとりに応じたAAC手段（補助代替コミュニケーション）を探ってわかるよう伝える（その際，音声を添えて音声理解を図る）ことが重要である。また，「教材を見せて誘う（iに例示）」「実演して見せて意向を打診する」「選択肢を出してどちらが良いか尋ねる」も重要である。

⑥ **例6：コミュニケーション（既有の動きを発信手段として確立する）支援の場面（(3)のf，h，jが関係する）**

> 　Mさん（4歳）の母親とK先生はMさんの視線や発声，手伸ばし等からMさんの意思を丁寧に読み取ってMさんの意思に沿う対応をした。K先生を引き継いだ先生たちも同じ対応をしてきた。13歳になったMさんは伝達の意図をもって飲食等の要求を視線や発声，手伸ばし等で周囲に活発に伝える。

　Mさんの視線や発声，手伸ばしはMさんに自発していた動きであり，コミュニケーション手段として敢えて作ったものではない。一貫した方針の下，母親やK先生たちがそれらの動きからMさんの意思を丁寧に読み取って応答を返す対応を継続する中で活発化していると言える。

⑦ **例7：コミュニケーション（新たにコミュニケーション手段を形成する）支援の場面（(3)のf，h，jが関係する）**

> 　Y先生はN君（13歳，全盲）をトランポリン上でY先生の前に同じ向きに座らせ，10まで数唱しながら上下に揺らすと，一旦止めて「どうしますか」と尋ねる。N君は体をもぞもぞ動かす。Y先生は要求の動きと読み取り揺らす。暫くして，Y先生は数唱より歌が楽しいだろうと考えて，童謡を歌いながら揺らす。歌い終わると一旦止めてN君の意向を尋ねる。N君は「もっとして」とばかりに両手をあげて後ろにいるY先生の顔に伸ばす。Y先生はN君のその両手で頂戴の身振り動作を形作ってから，再度，童謡を歌いながらトランポリンを揺らす。

　新たに身振り動作や写真・絵カード等のコミュニケーション手段を形成する支援も重要である。Y先生は，N君がY先生に要求の発信行動を出さないとトランポリンで上下に揺らす活動を楽しめない状況を活用して，頂戴の身振り動作の形成を試みており，継続的に取り組むことが重要である。

文献

川住隆一（1988）重症心身障害児療育における系統的指導の展開．障害者問題研究，52, 20-29.

木舩憲幸（2015）重複障害教育Ⅰ．柘植雅義・木舩憲幸，改訂新版　特別支援教育総論．放送大学教育振興会，96-108.

栗原まな（2015）小児リハビリテーション医学第2版．医歯薬出版．

進一鷹（1995）定頸が困難な重症心身障害児の姿勢と手の操作の関連性．特殊教育学研究，32(5), 63-67.

土谷良巳（2015）重複障害教育Ⅱ．柘植雅義・木舩憲幸，改訂新版　特別支援教育総論．放送大学教育振興会，109-121.

中澤惠江（2017）重症心身障害を有する子どもとのコミュニケーションと環境について—子どもにとって分かりやすい予告の受信は，主体的な発信につながること—，日本重症心身障害学会誌，42(1), 19-25.

平元東（2015）重症心身障害児（者）の実態．岡田喜篤，新版　重症心身障害療育マニュアル．医歯薬出版，34-41.

松田直（1992）重症心身障害児の指導と教育．小児看護，15(10), 1389-1394.

松田直（1997）障害の重い子どもの教育とコミュニケーション：子どもの意思の表出と係わり手のあり方．国立特殊教育総合研究所，特別研究「重複障害児の意思表出と教育環境に関する研究」報告書，5-12.

文部省（1975）特殊教育の改善に関する調査研究会報告：重度・重複障害児に対する学校教育の在り方について．

芳野正昭（2020）重症心身障害のある子どもの理解と援助．猪野善弘・小竹利夫・矢野洋子・芳野正昭，障害のある子どもの保育・教育．建帛社．

第13節
障害は無いが特別の教育的ニーズ
のある子供の理解と支援

1．障害は無いが特別の教育的ニーズのある子供とは

　障害は無いが特別の教育的ニーズのある子供とは，具体的にどのような子供を示すのか。文部科学省（2017）は，母国語や貧困の問題等のある子供を挙げている。本節は，母国語や貧困の問題と向き合っている子供および，「等」に含まれる子供に目を向けて，これらの多様な子供たちが向き合っている生活世界を理解し，教育支援の可能性を問うことを目的とする。

　それでは，なぜ多様な子供たちの生活世界を理解しなければならないのであろうか。その根拠は，1951年5月5日に制度化された「児童憲章」にある。

児童憲章（抜粋）
　われらは，日本国憲法の精神にしたがい，児童に対する正しい観念を確立し，すべての児童の幸福をはかるために，この憲章を定める。
　児童は，人として尊ばれる。
　児童は，社会の一員として重んぜられる。
　児童は，よい環境の中で育てられる。

　例えば，児童憲章第2条「すべての児童は，家庭で，正しい愛情と知識と技術をもって育てられ，家庭に恵まれない児童には，これにかわる環境が与えられる」は，社会的養護が必要な子供や愛着障害のある子供に関連する。また，第6条「すべての児童は，就学のみちを確保され，また，十分に整った教育の施設を用意される」は不登校の子供，第10条「すべての児童は，虐待・酷使・放任その他不当な取扱からまもられる。あやまちをおかした児童は，適切に保

護指導される」は虐待を被った子供および，非行や罪を犯した子供と関連がある。「児童憲章」での権利宣言によって，すべての子供たちは，人として尊ばれ，社会の一員としてよい環境の中で，幸福になる権利をもつことが定められているのである。

　では，今の社会を生きるすべての子供たちは，幸福をつかんでいるのだろうか。新聞やテレビ等では，連日のように幸福をつかみきれなかった子供たちの姿が報道されている。しかしながら，こうした子供たちに対して行われている教育支援の実際などは，意識的に情報を調べたり，教育支援の現場を訪れたりしなければ，なかなか目に届かないものである。多様な子供の生活世界を理解するためには，「見ているようで，見えていない」，「見ようとしなければ，見えない」世界があり，「見ようとしたときに，安易な先入観は禁物」ということの自覚が重要である（秋山，2016；池上，2015；木村，2015）。

2．多様な子供たちが向き合っている生活世界の理解

　以下に，多様な子供たちが向き合っている生活世界を概説する。

(1) 母国語の問題と向き合っている子供

　母（国）語〔mother tonge〕とは，「子供が最初に学ぶ言語」「人が最もよく知っている言語」「人が最も頻繁に使う言語」「本人または他者によって，その人の言語であると認識されている言語」のことを指す（西川・青木，2018）。グローバル化が進む現代社会において，出生時の言語と学齢期に使用する言語が異なり，母（国）語が発達期に定着しない問題が生じる。そうした問題を受けて，「日本語で日常会話が十分にできない児童生徒」や「日常会話ができても，学年相当の学習言語が不足し，学習活動への参加に支障が生じており，日本語指導が必要な児童生徒」の人数を調査した結果，年々増加していることが示されている（文部科学省，2019）。複数言語環境で育つ子供の日常会話は，単言語環境で育つ子供の日常会話と変わらないように「見える」ことから，学校

生活において何かが「できない」ことが，日本語力の問題とは理解されにくい（西川・青木，2018）。「わからないけど，聞けない」という環境が子供を追い詰め，その結果，自信をなくす子供や，わからないことを隠すために虚勢を張る子供がいると考えられている（西川・青木，2018）。

(2) 貧困の問題と向き合っている子供

　子供の貧困問題は2008年頃から関心が高まり，2013年に「子どもの貧困対策の推進に関する法律」が成立した。貧困は，厳密に一致した定義がなく，日本国憲法第25条「健康で文化的な最低限度の生活」と関連させたり（山野，2008；小野澤，2013），「相対的貧困」という概念を用いて説明されたりしている（阿部，2011；小西・湯澤・松本・平湯，2016）。本節では，貧困であるか否かの判断基準は，その人が生きている国，時代，社会によって変化する「相対的貧困」という概念から，子供の貧しさと困難さを捉える（阿部，2011）。貧困は，子供に複合的な不利をもたらし，能力の伸長を阻み，希望を失わせ，可能性と選択肢を奪い，人や社会との関係性を断ち切っていくとされる（小西ら，2016）。このような複合的困難・不利の累積により子供の貧困が長期化すると，若者や大人の貧困につながり，次世代の子供に連鎖すると考えられている（秋田・小西・菅原，2016）。また，家庭内だけに留まらず，地域においても住民同士の絆が希薄になり，「つながりの貧困」と向き合っている子供もいる（秋山，2016）。このように貧困は，次世代への連鎖といった時間軸や，家庭や地域といった空間軸の両軸において子供の人生に大きな影響を与えることとなる。

(3) 社会的養護が必要な子供

　社会的養護は，保護者のない児童や，保護者に監護させることが適当でない児童を，公的責任で社会的に養育し，保護すると共に，養育に大きな困難を抱える家庭への支援を行うことである（小野，2013）。児童福祉法では，18歳未満の者を児童と呼ぶ。児童福祉法に則って，社会的養護が必要な児童は，乳児院（同法第37条）や児童養護施設（同法第41条），児童自立生活援助事業としての自

立援助ホーム（同法第6条の3，第33条の6），里親（同法第6条の4）等を生活の場としている。山縣（2013）によると，これらの児童福祉施設での生活形態には，児童数が20人以上の大舎制，13～19人の中舎制，12人までの小舎制があるが，近年は小規模化が進められている。児童福祉施設には，前述した貧困の問題と向き合う子供や，後述する虐待を被った子供，非行や罪を犯した子供等も生活している。

⑷ 愛着障害のある子供

　愛着とはジョン・ボウルヴィ（John Bowlby）により提唱され，一般的に「特定の人との間に生まれる絆」と定義される（岡田，2011，2012；米澤，2019）。「臨界期」と呼ばれる生後半年から1歳半頃までに，母親との安定した愛着が形成されると，人への揺るぎない信頼や愛情が半永久的に持続する（岡田，2011）。一方で，「臨界期」に母親とのかかわりが不足し，安定した愛着が形成されないと，愛着障害が引き起こされる（秋山，2016；岡田，2011，2012）。幼い子供にとって，愛着対象がいないことは大変過酷な体験であり，① 現実を受け入れることができない「抵抗」の段階，② 抑うつ的になる「絶望」の段階を経て，③ 生存のために母親への愛着を切り捨てるという果てしなく大きい犠牲を払う「脱愛着」の段階に達し，完全な愛着の崩壊が起こる（岡田，2011）。

⑸ 不登校の子供

　不登校は，連続又は断続して年間30日以上の欠席があり，「（病気や経済的な理由以外で）何らかの心理的，情緒的，身体的あるいは社会的要因・背景により，児童生徒が登校しないあるいはしたくともできない状況」と定義される（不登校に関する調査研究協力者会議，2016）。この定義には，保健室を居場所とする登校などは含まれておらず，不登校の実態は不透明のままとされる（寺田，2018）。不登校のきっかけを子供自身は，「学習意欲の喪失」「学校での孤立感および級友によるいじめ」「教師による叱責に伴う学校回避の気持ち」と捉え

ている（寺田，2018）。また，不登校につながる兆候には，頭痛や腹痛，発汗，立ちくらみ等の「身体症状」や，授業中に突然立ち歩いたり，ぼんやりしたり，急激に成績が低下したりする等の「不安定な言動」がみられる（寺田，2018）。

(6) 虐待を被った子供

　子供の重篤な虐待事件が相次いで発生し，それまでの児童福祉法の枠組みと行政指導では限界がみられるとして，2000年に「児童虐待の防止等に関する法律」が制定された（加藤，2011）。虐待は，一般的に身体的虐待，ネグレクト，性的虐待，心理的虐待に分類される。虐待を被った子供には，身体的な傷だけではなく心理的な傷が残り，子供が安全な環境に移された後も，心の傷は癒えることはなく，さまざまな症状や行動として現れてくる（原，2013）。その行動の一つに周囲の大人に対する挑発的な行動がある。原（2013）は，その行動の背景に，① この大人は自分に暴力をふるわないかの確認，② 虐待のショックの緩和，③ 親への感情を他の大人に向ける，④ 暴力を用いた人間関係の誤学習があると述べている。虐待に至る要因の一つとして，近年特に注目されているのは，前述の貧困とされる（川﨑，2011）。

(7) 非行や罪を犯した子供

　知念（2018）は，大阪府にある公立の X 高校（ひとり親家庭率50% 以上かつ，生活保護世帯率約30%）に滞在し，逸脱行為や非行を繰り返す〈ヤンチャな子ら〉の生活世界を描き出した。〈ヤンチャな子ら〉は，休み時間や放課後に特定の場所に集う傾向にあるが，集団の内部には階層性があるとされる。コンビニ荒らしやバイク窃盗などの〈ヤンチャ〉な経歴が集団内での地位を高くする一方で，集団内で周辺的な地位にある〈ヤンチャな子ら〉は，攻撃的に振る舞って自分を集団の一員として位置づけようとする。それでも，〈ヤンチャな子ら〉が学校に通っている間は「首の皮一枚でつながった状態」だが，一旦学校から離脱すると，生活環境が悪化して，友達の家を転々とし，友達と遊ぶなかで非行や罪を犯してしまい，少年院や鑑別所に送致される場合があるという。

　多様な子供たちは，上述のようなことが複雑に絡み合った生活世界と向き合い続けている。本項の結びとして，あらゆる虐待を受けてきた女子生徒が，定時制高校を退学した後，秋山氏に送ったメールの言葉と，その言葉を受けた秋山氏の子供の捉え方をあげる（秋山，2016）。多様な子供たちが直面している生活世界は，この言葉に集約されているのではないだろうか。

> 「なんかこう，世界に置いていかれてるみたいです。誰にも傷つけられない代わりに，誰も立ち止まらない」
> 　自分が社会から見えない存在になっていることを自覚した辛さがにじむ。

3．特別の教育的ニーズのある子供を支える仕組みを構築する

　末冨（2017）は，すべての子供を大切にする重要な教育支援のあり方として，次のことを挙げている。一つ目は，「学校の内外において他者とつながり合うこと自体が幸福の根本であることを教育の基本姿勢とする」ということである。「自己実現による幸福だけでなく，他者との交わりによる幸福」（松下，2009）という観点を取り入れ，OECDが重視する「異質な人びとからなる集団で相互にかかわり合う」能力を育むことが大切であるとしている。二つ目は，「子供一人ひとりが自分の良さを発見し，課題を乗り越え成長する力を保障する」ということである。教育の機会均等を実現するには，どの子供も「自分を大切にし，自分らしい選択」を保障していける状況にあることが大切であるとしている。三つ目は，「どのような子供も，人生の中で困りごとや悩みごとを抱えうる存在であるという前提に立って，すべての子供が必要に応じて支援を受けられる仕組みの整備が必要である」ということである。

　つまり，学校生活において，他者とのつながりや自分らしさを大切にしつつ，互いに困っていることを共有し合える場や雰囲気があることで，多様な子供が自ら幸福をつかむことが可能となるのである。多くの実践者や研究者は共通して，こうした子供同士の関係づくりや学校生活の雰囲気づくりが，教育支援として重要であると述べている（阿部，2014；秋山，2016；知念，2018；木村，

2015；木村・小国，2019；奥地，2019；鈴木，2013；寺田，2018）。

　それでは，いかにして子供同士の関係を構築すればよいのだろうか。また，いかにして学校生活の雰囲気を醸成すればよいのだろうか。残念ながら，このことに関する教育支援の技術やマニュアルは存在せず（木村・小国，2019），目の前にいる子供の姿から学ぶしかないのである（木村，2015）。しかしながら，本節の目的には，教育支援の可能性を問うことも含まれている。そのため，教育支援の可能性の前提となる「心構え」は示さなければならないであろう。

　これまで述べてきた多様な子供たちが向き合っている生活世界を踏まえると，「見えないものを見ようとすること」以外にも，「言葉にならない声を聴こうとすること」「子供たちからにじみ出る感情を受け止める感性を最大限高めようとすること」が教育支援の可能性を問うときの必須の心構えであると考えられる。例えば，複数言語環境で育つ子供に対して，「わからなかったら，聞きに行ける」（西川・青木，2018）という雰囲気が，学校生活の中で醸成されているだろうか。また，朝から覇気がない子供や不安感が強い子供に対しては，「もしかしたら朝ごはんを食べていないかもしれない」「もしかしたら安定した生活ではないのかもしれない」と子供の心に寄り添っているだろうか。子供は，自分の状況を言葉に表すことができなくても，子供の表情や眼差しがそれらを語っている可能性がある（平松・西牧・和田・山形・野尻・末冨・添田，2016）。子供は，自分のことや気持ちをわかろうとしてくれる空気を感じる力をもっている（木村，2015）。そのため，私たちは，「相手を子供ではなく一人の人間として尊重し，人間対人間のかかわり方ができる，出会う意味のある他者」（重江，2017）として，子供と向き合う必要があるのではないだろうか。

　筆者は次のようなエピソードを聞く機会があった。教室で午前中の授業から寝てしまったり，イライラしたりする子供（A 児）がいた。A 児は，イライラする気持ちを言語化することが難しい子供であった。そんなとき，周りの友達が「A くんは，昨日眠れなかったんだと思います。眠れなかったから，今イライラしているんだと思います」と A 児の気持ちをわかろうとする発言をしたことがあった。A 児は，無言でうなずき「眠たい」と小声で発した。その後，

Ａ児自ら「昨日眠れなかった」と担任に伝えにくるようになった。また，昆虫が大好きなＡ児が，周りの状況を確認することなく，突然昆虫めがけて走り出したため，近くにいた友達が転んで顔に傷をつくったこともあった。その友達は，「Ａくんは，昆虫が大好きだから。ごめんねって言ってくれたし，Ａくんのことが大好きだから，私は大丈夫。Ａくんが転ばなくてよかった」と発言した。顔に傷をつくってしまった友達の保護者もこの発言に大変驚き，すぐに解決に至った。これらは，子供同士が互いのことや気持ちをわかり合おうとする，印象的なエピソードである。そして，これらのエピソードは，担任が日頃から子供たちの心に届くように愛情を注ぎ続け，子供たちが発する要求を敏感に感じ取り，子供たちからにじみ出る感情に共感し，子供たちが学び合える学級づくりを心掛けていたからこそ生じたものであると考えられる。

　不登校の子供が「家にいた方が自分の好きなことができるから」（寺田，2018）と家庭での居心地がよくなり学校に行くことを回避する言葉を発したら，あなたは子供の姿から何を学ぶだろうか。虐待を被った子供が「家の人に殴られたのは自分が悪いから」（池上，2015）と自分を責める言葉を発したら，子供の姿から何を学ぶだろうか。喫煙をした子供が「別に誰にも迷惑かけていないから」（知念，2018）と自らの行為を正当化しようとする言葉を発したら，子供の姿から何を学ぶだろうか。

　多様な子供と向き合う私たちは，「子供の姿から学ぶプロフェッショナル」「子供同士をつなぐプロフェッショナル」でなければならないと考える。

文献

阿部彩（2011）弱者の居場所がない社会．講談社現代新書．

阿部彩（2014）子どもの貧困Ⅱ　解決策を考える．岩波新書．

秋田喜代美・小西祐馬・菅原ますみ編著（2016）貧困と保育．かもがわ出版．

秋山千佳（2016）ルポ保健室　子どもの貧困・虐待・性のリアル．朝日新書．

知念渉（2018）〈ヤンチャな子ら〉のエスノグラフィー．青弓社．

原佳央理（2013）虐待を受けている子どもへのケアのあり方．山縣文治・林浩康編，よくわかる社会的養護　第２版．ミネルヴァ書房，190-191．

平松知子・西牧たかね・和田蓮華・山形志保・野尻紀恵・末冨芳・添田祥史（2016）

すべての子どもへの見守りと支援．松本伊智朗・湯澤直美・平湯真人・山野良一・中嶋哲彦「なくそう！子どもの貧困」全国ネットワーク編，子どもの貧困ハンドブック．かもがわ出版，111-140.

池上彰編（2015）日本の大課題 子どもの貧困．ちくま新書.

加藤芳明（2011）子ども虐待対応にかかわる制度と児童相談所．庄司順一・鈴木力・宮島清編，子ども虐待の理解・対応・ケア．福村出版，58-65.

川崎二三彦（2011）子ども虐待とは何か．庄司順一・鈴木力・宮島清編，子ども虐待の理解・対応・ケア．福村出版，12-26.

木村泰子（2015）「みんなの学校」が教えてくれたこと．小学館.

木村泰子・小国喜弘（2019）「みんなの学校」をつくるために．小学館.

小西祐馬・湯澤直美・松本伊智朗・平湯真人（2016）STEP1　そもそも「貧困」とは？　松本伊智朗・湯澤直美・平湯真人・山野良一・中嶋哲彦編著，子どもの貧困ハンドブック．かもがわ出版，11-28.

松下佳代（2009）能力と幸福，そして幸福感．子安増生編，心が活きる教育に向かって：幸福感を紡ぐ心理学・教育学．ナカニシヤ出版，37-60.

文部科学省（2017）教職課程コアカリキュラム．教職課程コアカリキュラムの在り方に関する検討会.

文部科学省（2019）日本語指導が必要な児童生徒の受入状況等に関する調査（平成30年度）．総合教育政策局男女共同参画共生社会学習・安全課.

西川朋美・青木由香（2018）日本で生まれ育つ外国人の子どもの日本語力の盲点．ひつじ書房.

岡田尊司（2011）愛着障害　子ども時代を引きずる人々．光文社新書.

岡田尊司（2012）発達障害と呼ばないで．幻冬舎新書.

奥地圭子（2019）歩み、輝ける道　学校以外にも．中国新聞（9月11日），6.

小野澤昇（2013）社会的養護を必要とする子どもたち．小野澤昇・田中利則・大塚良一編著，子どもの生活を支える　社会的養護．ミネルヴァ書房，6-7.

重江良樹（2017）階層社会が生み出す子ども達の環境とその解決に向けて．ミネルヴァ書房編集部編，発達151．ミネルヴァ書房，76-79.

末富芳編著（2017）子どもの貧困対策と教育支援．明石書店.

鈴木力（2013）社会的養護における自立支援の基本的考え方．山縣文治・林浩康編，よくわかる社会的養護．ミネルヴァ書房，196-199.

寺田道夫（2018）不登校の子どもの理解と支援．ナカニシヤ出版.

山縣文治（2013）児童福祉施設の生活．山縣文治・林浩康編，よくわかる社会的養護　第2版．ミネルヴァ書房，16-17.

山野良一（2008）子どもの最貧国・日本．光文社新書.

米澤好史（2019）愛着障害・愛着の問題を抱えるこどもをどう理解し，どう支援するか？アセスメントと具体的支援のポイント51．福村出版.

第3章
特別の支援を必要とする幼児児童生徒
の教育課程および支援方法

第 1 節
通級による指導，特別支援学級，
特別支援学校，自立活動

1．通級による指導

⑴ 概　要

　特別支援教育の推進のために，小・中学校における通常の学級，通級による指導，特別支援学級，特別支援学校それぞれの環境整備の充実を図っていくことが必要とされている（中央教育審議会（2012）特別支援教育の在り方に関する特別委員会「共生社会の形成に向けたインクルーシブ教育システム構築のための特別支援教育の推進（報告）」）。

　その中で，通級による指導とは，小学校および中学校の通常の学級に在籍し，通常の学級での学習におおむね参加でき一部特別な指導を必要とする児童生徒に対して，各教科の指導は通常の学級で行いながら，障害に応じた特別な指導は「通級指導教室」（呼称はさまざまだが，「まなびの教室」などと呼ばれることがある）で受ける形態である。その対象となる障害種は，言語障害，自閉症，情緒障害，弱視，難聴，学習障害，注意欠陥多動性障害，肢体不自由，病弱・身体虚弱である。日本においては約109,000名（2017年 5 月）で，2007年度の2.4倍の人数になっている。

⑵ 沿　革

　通級による指導の始まりは，1993年度に制度化された。その後，2007年度からは，小・中学校において，LD・ADHD・高機能自閉症等のある児童生徒を

対象にするようになった。そして2018年度からは，高等学校でも通級による指導が始まり，全国約160の高等学校で行われている。

⑶ 形　態

　通級指導教室には，他校型と自校型がある（少ないものの巡回する型もある）。自校型は，対象児童生徒が通う小・中学校の中に通級指導教室があるケースになる。このケースでは通級による指導の時間になると，基本的に子供は一人で指導を受ける教室に移動する。他校型は，対象児童生徒が通う小・中学校の中に通級指導教室がないケースになる。このケースでは，子供は保護者の送迎により，通級指導教室設置校である近隣の小・中学校に出向き，授業を1時間受けて在籍校に戻るようになっている。2019年8月現在，通級による指導のニーズが急激に高まってきており，13人に1人の教員になっているのだが，教室を開設する小・中学校の数が爆発的に増えてきている。このように通級指導教室で指導を受ける際には，校内就学支援委員会を経て，市町村の就学支援委員会（教育支援委員会）にて就学先を決定された児童生徒が指導を受けるようになっている。しかし，指導できる専門性の高い教員の確保が難しく，文部科学省は，数年後に，免許に代わる通級指導教室担当教員を対象とした履修証明による専門性の担保も検討している。

⑷ 教育課程と指導内容

　通級による指導では，自立活動を主とした特別の教育課程に基づいた教育活動が行われている。なお，放課後に通級による指導を計画することはできない。個別の指導計画に基づいて行われ，主として読み書きなど学習に必要な知識や技能の獲得，社会性の向上を目標に指導が行われている。それらの成果が，通常の学級におけるさまざまな場面で応用できるように，通常の学級との効果的な連携も求められている。

　週における授業数は，地域によっても異なるが，1週間1単位から8単位時間である（例えば，火曜日の2時間目の国語を通級指導教室での授業とする等）。

指導期間は期間を特に設けない地域もあれば，３年間といったように具体的に
設けている地域もある。

⑸ 通級指導教室の実際

事例1　小学校4年生A児

診断名：読み書き障害

主訴：教科書の文字を読むこと
が難しい。

指導の実際：週2回通級指導教
室にて指導を受けている。眼球

運動を円滑にするために，視機

図3－1　教科書読みの補助具（事例1）

能トレーニングをしている。教科書の文章を，図3－1のような補助具を使い，
自分で調整しながら読む練習を行っている。

事例2　小学校5年生B児

診断名：ADHD　広汎性発達
障害

主訴：社会性に困難があり，ク
ラスでのトラブルが多い。

指導の実際：図3－2のような
イラストを使って，トラブルが
起こった場面を振り返っている。
吹き出しを使い，その場面で，
自分は何を言った方がよかった
かについて考える機会を設定し
ている。

図3－2　イラストでの支援一部（事例2）

2．特別支援学級

⑴ 概　要

　特別支援学級とは，小学校，中学校，義務教育学校および中等教育学校に，教育上特別な支援を必要とする児童および生徒のために設置されている学級である。対象となる障害種は，弱視，難聴，肢体不自由，知的障害，自閉症・情緒障害，病弱・身体虚弱，言語障害である。小学校，中学校，義務教育学校，高等学校および中等教育学校に設置することができる（学校教育法第81条第2項）。

　2018年度の全国の設置数は，63,369である（2018年5月現在）。障害種別で見ると，知的障害と自閉症・情緒障害を合わせると，約28,000学級と全体の9割近くを占めている。現在，1名在籍でも特別支援学級を開設することが可能であること，また，インクルーシブ教育の推進により，地域の通常の学校への通学希望が増加しており，特別支援学級に対する期待は以前にも増して高くなっている。

　特別支援学級の定数は，8名となっている。通級指導教室が，担当制による「教室」であるのに対して，特別支援学級は，担任が経営する「学級」となっている。

⑵ 特別支援学級の実際

　特別支援学級での学習の形態は大きく2つに分けられる。

　図3−3は，常に特別支援学級で学習する知的障害特別支援学級小学3年生男児の例である（秋田県総合教育センター，2017）。

　特別支援学級の教育課程は，原則として小学校又は中学校の学習指導要領に準じて編成される。障害の状態によっては，小学校又は中学校の教育課程をそのまま適用することが適切でない場合がある。その場合には，特別支援学校の学習指導要領を参考にして，特別の教育課程（学校教育法施行規則第138条）を

編成することができる。その際には，次のことについて考慮する必要がある。

　第一に，各教科の目標および内容については，下学年や特別支援学校（知的障害）の各教科の目標および内容に替えることができる。

　第二に，授業時数については，年間の総授業時数は，小・中学校の各学年の時数に準ずるが，授業の1単位時間などについては，弾力的な取扱いができる。

さらに，知的障害のある児童生徒の実態に合わせて「各教科等を合わせた指導」を行うことができる。

　また，特別支援学校に設けられている領域，「自立活動」を行うことができる。子供の実態に応じて，時間を設定したり，教育活動全体を通して実施したりすることができる。最後に教科用図書当該学年の教科書に替えて，他の適切な教科用図書を使用することができる。図3－4は，部分的に特別支援学級で学習し，教科によっては交流学級である通常の学級で学習する，自閉症・情緒障害特別支援学級に在籍する中学1年生女子生徒の例である。

知的障害特別支援学級（小学校の例）

	月	火	水	木	金
1	日生	国語	国語	国語(書写)	日生
2	国語	算数	算数	算数	算数
業間活動					
3	生単	道徳	生単	音楽★	生単
4		音楽★		体育★	
給食・昼休み					
5	算数	図工	体育★	国語	総合★
6	学活	図工★		委員会クラブ★	総合★
帰りの活動（清掃，帰りの会　等）					

★：交流及び共同学習

図3－3　　特別支援学級の時間割1

自閉症・情緒障害特別支援学級（中学校の例）
＊知的障害がない場合

	月	火	水	木	金
1	学活	理科	数学	社会	英語
2	国語	道徳	理科	保健体育★	国語
3	社会	美術★	技・家	数学	数学
4	英語	英語	技・家	社会	音楽★
給食・昼休み					
5	自立活動	国語	保健体育★	自立活動	総合
6	保健体育★		国語	理科	総合

★：交流及び共同学習

図3－4　　特別支援学級の時間割2

図3－4のように★の部分は，交流学級で教科指導を受けている。また，知的障害以外の特別支援学級では，自立活動は原則特別支援学級で指導を受けるようになっている。

3．特別支援学校

(1) 概　要

　文部科学省によると，特別支援学校とは，視覚障害者，聴覚障害者，知的障害者，肢体不自由者又は病弱者（身体虚弱者を含む）である児童生徒に対して，幼稚園，小学校，中学校，高等学校に準ずる教育を行い，障害による学習上又は生活上の困難を克服し自立を図るために必要な知識技能を授けることを目的とした学校であるとされている（学校教育法第72条）。また，特別支援学校に入学可能な障害の程度は，学校教育法施行令第22条の3に明記されている。

　2018年度文部科学省教育資料によると，現在は，全国に1,135校あり，児童生徒数は約141,900名である。この人数は2007年度と比較して約1.9倍になっている。特に高等部の生徒数の増加は著しく，学校によっては教室が不足しているといった課題がある。また，医療的なケアを必要とする（痰の吸引や胃ろうなどの医療行為がある）児童生徒も増加している（参考：2007年度6,136名，2017年度8,218名）。

　さらに，前期高等教育の選択肢の一つとして，高等特別支援学校（全国的には呼称は「○○学園」などさまざまである）の設置が増加している。そこでは軽度の知的障害児が，一般企業への就労を中心とした進路実現に向けた職業教育を受けている。

(2) 就学の仕組み

　2013年に学校教育法施行令の一部改正が行われ，就学先を決定する仕組みが大きく変わった。これまで，特別支援学校に就学する基準を満たす児童生徒は，

特別支援学校に就学することが「原則」であった。しかし，仕組みが変わったことで，特別支援学校に就学する基準を満たす児童生徒でも，保護者には，特別支援学校への就学は選択肢の一つになった。就学支援委員会（教育支援委員会）での判断は，障害の程度だけでなく，保護者の意向などを総合的に勘案して，決定するように示されている（詳細については，第1章第1節の6を参照）。

(3) 特別支援学校が果たす役割等

2006年の学校教育法改正により，それまでは「盲学校」「ろう学校」「養護学校」という名称だったものが，特別支援学校の名称に一本化された（一部の都道府県ではそのままの名称ということもある）。知的障害など単一障害のみならず，知的障害と肢体不自由といったように，複数の障害種を併置している特別支援学校が全国的に増えてきている。

この法改正により，特別支援学校が複数の障害がある児童生徒に対応することが求められるようになった。また，特別支援学校の特徴としては，多くの場合，小学部（幼稚部を設置している学校もある）から高等部までが設置されており，小学生から高校生まで同じ敷地内で教育を受けている。

さらに，地域の学校や保育所，幼稚園（以下，地域の学校などとする）における特別支援教育の充実を図るために，地域の学校などに在籍する児童生徒の指導支援に関する助言などを積極的に行うといった特別支援教育のセンター的な役割が求められるようになった。例えば，地域の幼稚園保育所，小・中学校，高等学校で指導が困難な事例を一緒に考えたり，公開研修会など，近隣の学校などの教師が学ぶ場を提供したりすることがあげられる。通学保障の面からも，従来から設置されていた寄宿舎だけでなく，スクールバスや障害福祉事業所の移送サービスなど，保護者による送迎だけでなく他にも選択肢が増えてきている。また，送迎の視点とは違うが，地域の小学校の空き教室などに既存の特別支援学校分校を設置したりするなど，児童生徒の居住地により近い地域で教育を受けることが可能になってきている。

昨今，障害のある子供とない子供とが共に学ぶインクルーシブ教育システム

の推進と同時に，交流および共同学習の推進が図られている。これに関連して，地域によっては，特別支援学校に学籍があり，さらに地域の小・中学校に副次的な籍（東京都では副籍，横浜市では副学籍と呼ぶ）があることがある。

　これは，乳幼児期および卒業後を見据えて，学齢期でも地域とのつながりを維持・継続することが必要であり，そのための一つの方策（文科省，2010年度特別支援教育の在り方に関する特別委員会第4回配布資料）としている。

(4) 特別支援学校の実際

① 視覚障害支援学校

　視覚障害児が学校生活を送るため，イラストや写真に頼らない工夫や，見えやすい配慮が随所になされている。例えば，点字ブロックの設置や，声による案内支援機器などにより，情報保障が図られている。また，書見台や拡大読書器を使って，弱視の児童生徒も教科書を読むことができる支援機器が整備されている。

　ある教師から興味深いエピソードを聞いたことがある。先天的に視覚に障害がある全盲の児童に対して，図画工作科の授業で，『風』をテーマに粘土による造形活動を行った。その時，その児童は，「風はどんな形をしているのですか？」と教師に尋ねたそうである。そのときの作品は，実に創造的だった。

　また，専攻科を設置していることも大きな特徴である。そこでは，あん摩マッサージ指圧師，鍼灸師という国家資格を取得することが目的である。先天性の視覚障害だけでなく，中途障害の成人も入学してくることが多く，生徒の中には70代の方もおり，年齢層の幅は非常に広い。

② 知的障害特別支援学校

　全国の特別支援学校の中で，知的障害特別支援学校が最も多い。

　知的障害児は，一般に，知的機能の発達に明らかな遅れがあるため，学習によって得た知識や技能が断片的になりやすかったり，実際の生活の場で応用されにくかったりすることがある。そのため，各教科等を合わせた指導として，生活単元学習や作業学習という指導形態が，教育課程に組み込まれていること

が多いのが特徴である。多くの
学校が卒業後に自立することを
見据えて，将来的に実際に使え
るような知識技能（基本的な職
業スキル，乗り物の乗り方や家事
スキルなど）を身につけるよう
に授業が構成されている。

図3－5　作業学習の様子

4．自立活動

　自立活動とは，個々の幼児児童生徒の障害による学習上又は生活上の困難を
改善するために，国語算数などの各教科と並んで特別支援学校に設けられた指
導領域であり，6区分27項目で構成されている（表3－1）。

指導事例1

　脳性麻痺による両下肢，両上肢の機能の全廃の障害のある肢体不自由児の事
例である。知的な遅れはない。身体の動きに不自由さがあり，自分の意思とは
反対の方に上下肢が伸縮する。移動の自立を目指して，電動車いすを操縦して
目的地まで移動することを目標に取り組んだ。電動車いすの操縦レバーをどの

程度倒すと，どのくらいのスピード
が出て，どのように操縦すると減速
するのか，あるいは自分の見える位
置からどのタイミングで右や左に曲
がる必要があるのかなど，操作を一
つ一つ覚えていった。さらに，通り
道の両側にポールを立てて，触れな
いように操縦したり，どの程度の段
差は越えられるのかを実際に歩道で
確かめたりした。それらの結果，電

図3－6　自立活動（イメージ）

表3−1　自立活動の指導区分について

健康の保持	(1) 保有する感覚の活用 (2) 感覚や認知の特性への対応に関すること (3) 感覚の補助及び代行手段の活用 (4) 感覚を総合的に活用した周囲の状況の把握 (5) 認知や行動の手掛りとなる概念の形成	環境の把握	(1) 保有する感覚の活用 (2) 感覚や認知の特性への対応に関すること (3) 感覚の補助及び代行手段の活用 (4) 感覚を総合的に活用した周囲の状況の把握 (5) 認知や行動の手掛りとなる概念の形成
心理的な安定	(1) 情緒の安定 (2) 状況の理解と変化への対応 (3) 障害による学習又は生活上の困難を改善・克服する意欲	身体の動き	(1) 姿勢と運動・動作の基本的技能 (2) 姿勢保持と運動・動作の補助的手段の活用 (3) 日常生活に必要な基本動作 (4) 身体の移動能力 (5) 作業に必要な動作と円滑な遂行
人間関係の形成	(1) 他者とのかかわりの基礎 (2) 他者の意図や感情の理解 (3) 自己の理解と行動の調整 (4) 集団参加の基礎	コミュニケーション	(1) コミュニケーションの基礎的能力 (2) 言語の受容と表出 (3) 言語の形成と活用 (4) コミュニケーション手段の選択と活用 (5) 状況に応じたコミュニケーション

（出所）　特別支援学校小学部・中学部学習指導要領（2017年4月告示）より抜粋

動車いすの車両感覚を身体で理解でき，中学部入学から始めて3年目にして校外学習にも電動車いすで挑戦するようになった。

　自立活動は，障害を克服するための訓練ではない。自分の障害を理解し，困難さを克服するためにはどんな道具を使い，どのように工夫をした方がいいかを考える学習活動である。

指導事例2

　知的障害特別支援学校小学部6年生の自閉症を重複する知的障害児（IQ40）の事例である。自発的な発語は少なく，会話は成立しないことが多い。空間の位置関係（○の前，▲の上など）の理解が大変難しく，空間の位置関係に関する語彙の習得を目標に，コミュニケーションブックを使った指導を進めた。指導後は，コップの上，皿の前のように上下左右だけでなく，棚の奥であったり，袋の中であったり，位置関係の語彙が劇的に広がった。驚いたのは，見方を変

えて，これまでは皿の右と言っ
ていたものを，コップの下とい
うように，比較対象となるもの
を変えて，位置を変えて表現す
るようになったことであった。
これは，物の大小と言ったよう
に，比較概念が育っているので，
どこに対象を向けるか，視点を

図3−7　コミュニケーションブック

変えて物事を見ることができるようになった学習活動である。

第2節

個別の指導計画，
個別の教育支援計画

1．個別の指導計画と個別の教育支援計画

　特別の支援を必要とする幼児児童生徒に必要な指導や適切な支援を行うためには，子供一人ひとりの教育的ニーズを的確に把握し，だれが，どのような場面において，どのような内容の支援を，どの程度行うのか等を計画的に行う必要がある。そのためのツールとして活用するのが，「個別の指導計画」と「個別の教育支援計画」である。

　個別の指導計画は，特別支援学校において，1999年に，幼児児童生徒の自立活動の指導や重複障害のある児童生徒の指導について，個別の指導計画を作成することが規定されたのが始まりである。その後，2010年の学習指導要領の改訂によって，特別支援学校については，すべての幼児児童生徒に対して各教科についての個別の指導計画を作成することが義務付けされた。また，通常の学級に在籍する障害のある子供については，文部科学省（2004）「小・中学校におけるLD，ADHD，高機能自閉症の児童生徒への教育支援体制の整備のためのガイドライン（試案）」において，「個別の指導計画は，児童生徒一人一人の障害の状態等に応じたきめ細かな指導が行えるよう，LD・ADHD・高機能自閉症の児童生徒についても，必要に応じて作成することが望まれる」とされたのを始まりとし，その後小学校や中学校，高等学校での作成が進められることとなった。そして，2017年の新学習指導要領において，特別支援学級に在籍する児童生徒および通級による指導を受ける児童生徒について個別の指導計画を作成・活用することが明記された。

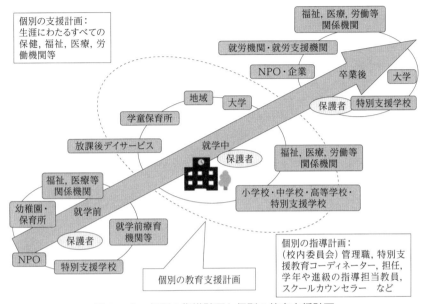

図3－8　個別の指導計画と個別の教育支援計画

　個別の教育支援計画は，文部科学省（2003）「今後の特別支援教育の在り方について（最終報告）」において，「障害のある幼児児童生徒の一人一人のニーズを正確に把握し，教育の視点から適切に対応していくという考え方の下，福祉，医療，労働等の関係機関との連携を図りつつ，乳幼児期から学校卒業後までの長期的な視点に立って，一貫して的確な教育的支援を行うために，障害のある幼児児童生徒一人一人について作成した計画」と定義された。個別の指導計画は，個別の教育支援計画を受けた具体的指導計画として位置づけられる。

2．学習指導要領における個別の指導計画と個別の教育支援計画

⑴　個別の指導計画

　個別の指導計画については，特別支援学校小学部・中学部学習指導要領第1

章総則に，以下のように示されている。1つ目は，第3節教育課程の編成の3のイに示され，(ア)と(イ)は新たな事項である。

> イ　各教科の指導に当たっては，個々の児童又は生徒の実態を的確に把握し，次の事項に配慮しながら，個別の指導計画を作成すること。
> 　(ア) 児童又は生徒の障害の状態や特性及び心身の発達の段階等並びに学習の進度等を考慮して，基礎的・基本的な事項に重点を置くこと。
> 　(イ) 児童又は生徒が，基礎的・基本的な知識及び技能の習得も含め，学習内容を確実に身に付けることができるよう，それぞれの児童又は生徒に作成した個別の指導計画や学校の実態に応じて，指導方法や指導体制の工夫改善に努めること。

　2つ目は，第4節教育課程の実施と学習評価の実施と学習評価の3に，以下のように示されている。

> (2) 各教科等の指導に当たっては，個別の指導計画に基づいて行われた学習状況や結果を適切に評価し，指導目標や指導内容，指導方法の改善に努め，より効果的な指導ができるようにすること。

(2) 個別の教育支援計画

　個別の教育支援計画については，新学習指導要領，第1章総則の第5節児童又は生徒の調和的な発達の支援に，次のように示されている。

> 1(5) 家庭及び地域並びに医療，福祉，保健，労働等の業務を行う関係機関との連携を図り，長期的な視点で児童又は生徒への教育的支援を行うために，個別の教育支援計画を作成すること。

　個別の教育支援計画の作成・活用における関係機関等との連携について，作成と活用の両面から具体例を挙げ，実質的な連携が求められている。

(3) 幼稚園および保育所における個別の指導計画や個別の支援計画

　障害のある子供や特別な配慮を必要とする子供の保育の計画について，幼稚園教育要領および保育所保育指針ではそれぞれ以下のように示されており，保育所や幼稚園に通う障害のある子供や特別な配慮を必要とする子供およびその保護者を適切に支援するために，個別の指導計画や個別の支援計画を作成することが求められている。

> 　障害のある幼児などへの指導に当たっては，集団の中で生活することを通して全体的な発達を促していくことに配慮し，特別支援学校などの助言又は援助を活用しつつ，個々の幼児の障害の状態などに応じた指導内容や指導方法の工夫を組織的かつ計画的に行うものとする。また，家庭，地域及び医療や福祉，保健等の業務を行う関係機関との連携を図り，長期的な視点で幼児への教育的支援を行うために，個別の教育支援計画を作成し活用することに努めるとともに，個々の幼児の実態を的確に把握し，個別の指導計画を作成し活用することに努めるものとする。
>
> （幼稚園教育要領　第1章第5-1）

> 　障害のある子どもの保育については，一人一人の子どもの発達過程や障害の状態を把握し，適切な環境の下で，障害のある子どもが他の子どもとの生活を通して共に成長できるよう，指導計画の中に位置付けること。また，子どもの状況に応じた保育を実施する観点から，家庭や関係機関と連携した支援のための計画を個別に作成するなど適切な対応を図ること。
>
> （保育所保育指針　第1章3(2)キ）

　幼稚園や保育所等では，障害のある子供も障害のない子供も一緒に育ちあうことを重視した統合保育が行われている。また，近年では，子供の多様性を認め，さまざまな背景のある子供たちがいることを前提とした一人ひとりの子供の発達を保障するインクルーシブ保育を行うという考えが広がっており，実際の保育の場では，クラス全体の指導計画の中に障害のある子供や特別な配慮を必要とする子供に応じた計画が組み込まれていることが多い。指導計画の立案にあたっては，多様な子供たちがいることを前提とした指導計画の立案が求め

られているのである。

3．個別の指導計画および個別の教育支援計画の内容

⑴ 個別の指導計画

① 個別の指導計画とは

　個別の指導計画は，障害や特別の支援を必要とする子供一人ひとりの障害の状態や教育的ニーズに応じて，きめ細やかな指導・支援を行うために，学校の教育課程などに基づき，子供一人一人の指導目標や指導内容，指導方法，評価等が示され，園や学校での指導にかかわる計画である。指導の対象となる領域は，学習，生活，行動，コミュニケーション，対人関係，運動などさまざまである。学年等ごとに作成され，それに基づいた指導が行われる各学校において，子供一人ひとりのニーズに応じた指導を展開するうえでの具体的な内容や方法，手立て，工夫などを明確に示すことが重要である。また，学校での配慮，チームティーチングの指導，取り出し指導，特別な場での個別指導など，形態を問わず，包括的な場面に応じて短期的に作成する。

② 個別の指導計画作成と留意点

　子供たちへの適切な教育的支援を効果的，効率的に行うためには，個別の指導計画において，教育上の指導・支援における具体的な内容・方法等を「計画（Plan）→実行（Do）→評価・検証（Check）→修正・改善（Action）」を行うPDCAのサイクルが（図3−8，表3−2）重要である。

　表3−2に，個別の指導計画作成の流れを示した。作成については，校内委員会や特別支援教育コーディネーターの協力を得て，それぞれの役割を確認しながら作成されることが望まれる。

　計画は，教員や保護者による気づきから始まり，実態把握などのアセスメントを進める。得られた情報と子供の課題との関連性，妥当性を考え，つまずきの背景要因を分析する。そして，実態の見立てから目標の設定へとつなげてい

く。目標については，指導・支援によって達成可能な目標や，目標達成までの
スモールステップを考え，対象となる子供の特性に応じた具体的な指導内容と
方法・教材の選択することが重要である。また，実態把握などのアセスメント，
目標の設定において，「～できない，遅い」等の表記ではなく，「～することで
できる，～の補助でできるようになる」など，よさを伸ばすような書き方で書
くことが重要である。例えば，忘れ物が多い子供に対し，「忘れ物をしない」
という目標ではなく，「～することで確認し，忘れ物が減るようになる」など，
どのような手立てをとったら忘れないのかを明確にして表記する。

　実行では，長期目標や短期目標の達成に向け，いつ，どこで，誰が，どのよ
うな指導・支援を行うのかを明記する。また，指導の場（通常の学級，特別支
援学級，通級による指導など）や，指導の形態（一斉指導中の配慮・指導か，TT
等複数以上の教員による指導かなど），具体的な支援の内容・方法，関係機関の
連絡先，関係機関の担当者名等を明確にする。

　評価では，目標の達成状況，指導の手立て，指導内容，情報の不足や追加の
アセスメントはないかなどの課題の分析，アセスメントの解釈や見立ての違い，
指導案・教材の有効性，目標設定の課題などを行う。評価をしなければ，成果

PDCAのサイクル

P (Plan)	：目標を定め，その目標に沿って，計画を立てる
D (Do)	：計画を実行する
C (Check)	：結果の確認，評価する
A (Action)	：効果があがらなかった点の改善

図3－9　PDCA のサイクル

表3－2　指導計画作成の流れ

①計画（Plan）
- 困難さへの気づき（担任，保護者，関係職員等）
- アセスメント（情報収集，実態把握）
- 見立て
- 指導の方針
- 指導目標の設定（短期目標，長期目標）
- 指導内容・指導方法の設定
- 具体的な指導のツール・教材の選択

②実行（Do）
- 一斉指導における配慮・指導
- 個別指導（担任，担任以外の教職員等）
- 通級による指導
- その他の支援者による指導

③評価・検証（Check）
- 評価資料の整理
- 指導，配慮の振り返り
- 目標の達成状況（子供の変容について）

④修正・改善（Action）
- 計画の再検討
- 次の計画の立案
- 引継ぎのための調整

があったのか，なかったのかが不明確になる。うまくいけば，目標をステップアップし，変わらなければ目標を変更し，年度の途中であっても，みられるように追加しても良い。

　PDCAサイクルの中で，最終的に重要になるのが引継ぎである。児童生徒が，どのような能力やスキルを身につけたか，どのような手立てが効果的であったのかなどの有益な情報は，次の目標につながる。引継ぎが適切に行われない場合，次に担当する教職員や支援者が，また初めから実態把握やアセスメントを行うこととなる。個別の指導計画をバトンとして機能させるためには，目標を立てる段階から，わかりやすい言葉で立てておいたり，大まかな方針や，方向性を伝えたりするなどが重要である。

表3－3　個別の指導計画（様式例）

氏名		学校	
作成者		作成日	年　　月　　日

児童生徒の実態	
学習面	
生活面 行動面	
対人関係 コミュニケー ション	
運動面	
諸検査の結果 診断等	
興味関心 （好きなこと，得意な こと）	

保護者の 願い		本人の 願い	

指導・支援の方法		
支援体制		
支援の手立て	（方針）	（支援者）
関係機関	（機関名）	（担当者・連絡）

指導の計画			
長期目標			
短期目標	指導内容	指導方法	評価
引継ぎ事項			

　個別の指導計画の様式の例を表3－3に示した。書式や形式については，この形で作らなければならないというものはなく，都道府県や市町村，各学校で作成されたものを活用することが多い。作成することが目的ではなく，継続しやすいものであること，作成，活用するにあたって児童生徒のためになるもの，作成者が楽に作成できて，役に立つことが重要である。

⑵　個別の教育支援計画

①　個別の教育支援計画とは

　個別の教育支援計画は，学校生活だけでなく，家庭や地域での生活を含め，他機関との連携を図るため，幼児期から学校卒業後まで長期的な視点に立って一貫した支援を行うための計画である。作成に当たっては関係機関との連携が重要であり，各学校が保護者をはじめ医療，福祉，労働等の関係機関と連携しながら作成する。個別の教育支援計画を活用することで，入学や進級における引継ぎ資料や指導の継続（縦の連携）や，関係機関，他教科，他教師，家庭との共通理解（横の連携）が円滑に進めやすくなる。

②　個別の教育支援計画活用における留意点

ａ．保護者との連携

　計画の作成，活用には保護者との連携が必要不可欠である。計画を策定するにあたって，子供の実態やニーズを把握するうえでの情報収集はもちろん，どのような思いでこれまで子供とかかわってきたのか，今後どのような方針で支援を行っていくかなど，子供や保護者主体で策定する必要がある。

ｂ．関係機関との連携

　保護者や教員が関係機関と連携をとり，関係機関同士がお互いを尊重し合うことにより，互いの専門性を取り入れた子供にとってより良い支援の方法が見えてくる。また，医療，療育機関や保健，福祉，その他専門家チーム等の相談歴や，具体的な所見，担当者，連絡先なども明記することで，子供の経過がわかりやすくなる。さらに，専門用語を使う際には配慮するなど，お互いの役割を確認しながら連携を図ることも重要である。

c. 管　理

　個別の教育支援計画は，個人情報であり，その取り扱いや管理については細心の注意を払わなければならない。園や学校で保管場所や取り扱い方法について明確なルールを定め，全体で共有する必要がある。個人情報保護の観点からすると，鍵付きの棚に厳重に保管することが必須になるが，年度始めに策定してそのまま，ということになりかねない。年度の途中であっても，振り返りを行ったり，追加をしたりと活用するための方法も管理と同時に検討する必要がある。

d. 引継ぎ

　継続した支援のためには，引継ぎが重要である。特に，就学時や進学時の引継ぎには配慮が必要であり，転園や転学の際にも，適切な引継ぎが行われるようにしなければならない。また，計画を就学先や進学先に適切に引き継ぐように努めるとともに，本人や保護者に対し，その趣旨や目的を丁寧に説明して理解を得，第三者に引き継ぐことについてもあらかじめ引き継ぐ先や内容などの範囲を明確にしたうえで同意を得ておくことも必要である。

　表3－4に個別の教育支援計画の例を示した。個別の教育支援計画は，本人・保護者・支援者などのニーズ（主訴）から始まる。「何が難しいのか」「何ができるようになりたいのか」「何を応援してほしいのか」などである。その後，子供たちの実態把握などのアセスメントを行う。名前や住所など基本的な情報の他，他機関との連携を行うため，教育以外に，福祉，医療，労働等の各機関名，担当者や連絡先などを記入する欄がある。実態把握については，生育歴・教育歴・相談歴・受診歴，知的発達水準や認知特性についてもアセスメントし，記入する場合もある。また，家族構成，家庭の様子，学級の様子，校内体制（教育的な資源や人的資源），地域の資源，学習面，生活面，行動面，運動面など日頃の様子についても記入する。さらに，具体的な指導・支援に活かすためには，得意なもの，好きなもの，活かしたいよさや興味関心を記入する欄も重要である。このような内容を元に個別の教育支援計画や個別の指導計画を作成していく。

表3－4　個別の教育支援計画（様式例）

	立　　　　学校　年	校長名		担任名	
_{ふりがな}氏名			（男・女）	生年月日：　年　月　日	
保護者名		家族構成			

住所：〒　　　－
電話番号（　　　　－　　　　－　　　） 上記以外の緊急連絡先（　　　　－　　　　－　　　）

本人の願い		保護者の願い	
興味関心			

本人の状況（学習面，集団参加・社会性，対人関係・コミュニケーション，他）	
学校	
家庭	
地域・関係	
支援の目標	

		主な支援内容	支援者（連絡先）
学校	学級		
	校内		
	家庭		
	地域		
	関係機関 （福祉，医療， 労働等）		
	評価及び 引継ぎ事項		

文献

文部科学省（2018）特別支援学校　小学部・中学部　学習指導要領．海文堂.

索　引

特別支援教育の基礎

2020年2月28日　第一版第一刷発行　　　　　　　　　　〈検印省略〉
2023年1月30日　第一版第二刷発行

編著者——松　山　郁　夫
　　　　　芳　野　正　昭
発行者——田　中　千津子
発行所——㈱　学　文　社

〒153-0064　東京都目黒区下目黒3－6－1
電話（03）3715-1501㈹　振替 00130-9-98842
https://www.gakubunsha.com

落丁，乱丁本は，本社にてお取替え致します。　　印刷／東光整版印刷 ㈱
定価はカバーに表示してあります。

ISBN 978-4-7620-2987-5
ⓒ2020 MATSUYAMA Ikuo & YOSHINO Masaaki　　　Printed in Japan